# IMPOSTOS FEDERAIS
## para concursos

ANTÔNIO AUGUSTO DIAS JR.

# IMPOSTOS FEDERAIS
## para concursos

2ª edição
Revista e atualizada

2017

www.editorajuspodivm.com.br

www.editorajuspodivm.com.br

Rua Mato Grosso, 164, Ed. Marfina, 1º Andar – Pituba, CEP: 41830-151 – Salvador – Bahia
Tel: (71) 3045.9051
• Contato: https://www.editorajuspodivm.com.br/sac

**Copyright:** Edições JusPODIVM

**Conselho Editorial:** Eduardo Viana Portela Neves, Dirley da Cunha Jr., Leonardo de Medeiros Garcia, Fredie Didier Jr., José Henrique Mouta, José Marcelo Vigliar, Marcos Ehrhardt Júnior, Nestor Távora, Robério Nunes Filho, Roberval Rocha Ferreira Filho, Rodolfo Pamplona Filho, Rodrigo Reis Mazzei e Rogério Sanches Cunha.

**Capa:** Rene Bueno e Daniela Jardim *(www.buenojardim.com.br)*

**Diagramação:** Ideia Impressa *(ideiaimpressadesign@gmail.com)*

---

Todos os direitos desta edição reservados à Edições JusPODIVM.

É terminantemente proibida a reprodução total ou parcial desta obra, por qualquer meio ou processo, sem a expressa autorização do autor e da Edições JusPODIVM. A violação dos direitos autorais caracteriza crime descrito na legislação em vigor, sem prejuízo das sanções civis cabíveis.

# APRESENTAÇÃO

O Direito Tributário tem adquirido importância cada vez maior nos concursos públicos.

Embora sejam muitos os manuais da disciplina, inclusive direcionados para os certames, a análise das provas de concursos, principalmente as discursivas e orais, demonstra que o grau de profundidade exigido das questões está acima da abordagem dos cursos ou manuais genéricos.

Por outro lado, os livros específicos de Direito Tributário não se destinam ao preparo para provas de concursos, uma vez que possuem um enfoque crítico e distante da realidade do "concurseiro".

Com o objetivo de amparar o candidato aos concursos públicos que exigem o Direito Tributário de forma mais aprofundada, surge a coleção DIREITO TRIBUTÁRIO PARA CONCURSOS, com livros temáticos, em que o autor terá espaço para desenvolver o respectivo tema de acordo com as exigências verificadas nas provas dos concursos.

Ao mesmo tempo em que se busca uma abordagem completa e pormenorizada dos temas, evita-se as digressões que não possuem relevância para as bancas de concursos.

Os livros da coleção destacam-se ainda por trazerem quadros de atenção demonstrando a importância do tema e sua incidência nas provas, bem como questões discursivas respondidas pelo autor, dentre outros elementos para facilitar o aprendizado.

Esperamos, com isso, dar mais segurança aos candidatos que precisam de um material de estudo mais aprofundado, poupando-o da busca de textos esparsos e do desperdício de tempo.

Maio de 2017.

**Antonio Augusto Dias Júnior**

# SUMÁRIO

**CAPÍTULO 1**

**INTRODUÇÃO AO ESTUDO DOS IMPOSTOS** ..................................... **11**

1. Conceito e características dos impostos.......................... 11
2. Classificação dos impostos ........................................ 16
   - 2.1. Impostos Fiscais e Extrafiscais............................ 16
   - 2.2. Impostos Diretos e Indiretos ............................ 17
   - 2.3. Impostos pessoais e reais ................................ 19
3. Questões objetivas ................................................ 20

**CAPÍTULO 2**

**IMPOSTO SOBRE A IMPORTAÇÃO**.................................... **23**

1. Noções gerais e características ................................ 23
2. Fato gerador.................................................... 24
3. Contribuinte.................................................... 28
4. Base de cálculo e alíquotas.................................... 28
5. Lançamento .................................................... 30
6. *Drawback* .................................................... 31
7. Imposto de Importação e Sanção Política .................... 33
8. Orientações da PGFN.......................................... 36
9. Questões objetivas ............................................ 48
10. Revisão do capítulo – Perguntas e respostas.................. 53

**CAPÍTULO 3**

**IMPOSTO SOBRE A EXPORTAÇÃO** ............................... **55**

1. Noções gerais e características ................................ 55
2. Fato gerador.................................................... 56
3. Contribuinte.................................................... 58
4. Base de cálculo e alíquotas.................................... 58
5. Lançamento .................................................... 59
6. FOB e CIF ...................................................... 59
7. Questões objetivas ............................................ 60
8. Revisão do capítulo – Perguntas e respostas.................. 60

## CAPÍTULO 4

**IMPOSTO SOBRE A RENDA** ....................................................... **63**

1. Noções gerais e características .................................................. 63
2. Fato gerador.............................................................................. 65
3. Contribuinte.............................................................................. 68
4. Base de cálculo e alíquotas...................................................... 69
5. Lançamento ............................................................................. 75
6. A tributação em bases universais e as empresas controladas e coligadas no exterior .............................................................. 76
7. Preços de transferência e princípio do não favoritismo (*arm's lenght*) ...................................................................................... 81
8. A não incidência do IR sobre indenizações ............................. 83
9. Tributação dos rendimentos acumulados ............................... 87
10. Orientações da PGFN................................................................ 88
10. Súmulas do CARF ..................................................................... 92
11. Questões objetivas ................................................................... 92
12. Questão discursiva.................................................................... 100
13. Revisão do capítulo – Perguntas e respostas........................... 102

## CAPÍTULO 5

**IOF..** ............................................................................................. **105**

1. Noções Gerais e Características ................................................. 105
2. Fato gerador.............................................................................. 107
3. Contribuinte.............................................................................. 112
4. Base de cálculo e alíquotas...................................................... 114
5. Lançamento ............................................................................. 115
6. IOF sobre o ouro como ativo financeiro ou instrumento cambial ... 115
7. Orientações da PGFN................................................................ 117
8. Questões objetivas ................................................................... 120
9. Questões discursivas................................................................. 122
10. Revisão do capítulo – Perguntas e respostas........................... 125

## CAPÍTULO 6

**IMPOSTO SOBRE PRODUTOS INDUSTRIALIZADOS**........................ **127**

1. Noções gerais e características .................................................. 127
2. Fato gerador.............................................................................. 129
3. Contribuinte.............................................................................. 138
4. Base de cálculo e alíquotas...................................................... 140
5. Lançamento ............................................................................. 142

6. A não cumulatividade do IPI ........................................................ 142
7. O crédito-prêmio do IPI .............................................................. 154
8. Orientações da Receita Federal ................................................. 159
9. Súmulas do CARF ....................................................................... 159
10. Questões objetivas .................................................................... 160
11. Questão discursiva ..................................................................... 163
12. Revisão do capítulo – Perguntas e respostas ........................... 170

## CAPÍTULO 7
## ITR. ................................................................................................ **173**
1. Noções Gerais e Características ................................................. 173
2. Fato Gerador .............................................................................. 174
3. Contribuinte ............................................................................... 180
4. Base de cálculo e alíquotas ....................................................... 184
5. Lançamento ............................................................................... 188
6. Imunidade das pequenas glebas rurais .................................... 188
7. Fiscalização e cobrança do ITR pelos Municípios .................... 190
8. Orientações da PGFN ................................................................. 191
9. Súmulas do CARF ....................................................................... 192
10. Questões objetivas .................................................................... 192
11. Revisão do capítulo – Perguntas e respostas ........................... 194

## CAPÍTULO 8
## IMPOSTO SOBRE GRANDES FORTUNAS E IMPOSTOS
## EXTRAORDINÁRIOS ....................................................................... **197**
1. Impostos sobre grandes fortunas ............................................. 197
2. Impostos Extraordinários de Guerra ........................................ 197
3. Questões objetivas .................................................................... 199

## REFERÊNCIAS BIBLIOGRÁFICAS ................................................... **201**

# Capítulo 1
# INTRODUÇÃO AO ESTUDO DOS IMPOSTOS

**SUMÁRIO** • 1. Conceito e características dos impostos; 2. Classificação dos impostos; 2.1. Impostos Fiscais e Extrafiscais; 2.2. Impostos Diretos e Indiretos; 2.3. Impostos pessoais e reais; 3. Questões objetivas.

## 1. CONCEITO E CARACTERÍSTICAS DOS IMPOSTOS

A primeira afirmação a ser feita sobre os impostos é que eles são tributos.

Qualquer que seja a classificação dos tributos (bipartida, tripartida, quadripartida ou pentapartida), os impostos sempre estarão dentro do rol das espécies tributárias.

Com isso, temos que os impostos podem ser definidos, inicialmente, como uma prestação pecuniária compulsória, em moeda ou cujo valor nela se possa exprimir, que não constitua sanção de ato ilícito, instituída em lei e cobrada mediante atividade administrativa plenamente vinculada (conceito de tributo previsto no artigo 3º do CTN).

A partir desse conceito, temos que buscar os traços distintivos dos impostos em relação às outras espécies tributárias.

Um dos traços distintivos mais comentados pela doutrina é o que distingue os impostos das taxas. Isso porque **os impostos são tributos instituídos e cobrados independentemente de qualquer prestação estatal específica em relação ao contribuinte que o paga**, diferentemente das taxas, que possuem como fato gerador uma atividade estatal específica e divisível.

Segundo Roque Antônio Carrazza,

> "(...) muitos juristas chamam o imposto de tributo sem causa. Sem causa não porque ele não tenha fato imponível, mas porque não há necessidade de a entidade tributante oferecer alguma contraprestação direta a quem o paga. O imposto – se quisermos fugir da definição pela negativa – sempre tem por hipótese de incidência ou um

comportamento do contribuinte, ou uma situação jurídica na qual ele se encontra." (CARRAZZA, 2015, p. 622)

Diz-se, portanto, que os impostos são tributos **não vinculados**, já que não existe vinculação entre a sua instituição e a prestação de um determinado serviço público pelo Estado. Os impostos são exigidos independentemente de qualquer contraprestação estatal, não podendo o contribuinte questionar a legitimidade de um imposto argumentando que o Estado não presta satisfatoriamente este ou aquele encargo público. Nesse sentido já decidiu o STJ:

> TRIBUTÁRIO CONTRIBUINTE DO IPTU – CONTRA-PRESTAÇÃO DO ESTADO AO RECOLHIMENTO DO IMPOSTO – INEXISTÊNCIA DE PREVISÃO LEGAL – CONCEITOS DE CONTRIBUINTE E CONSUMIDOR – EQUIPARAÇÃO – IMPOSSIBILIDADE – CÓDIGO DE DEFESA DO CONSUMIDOR – INAPLICABILIDADE *IN CASU*.
>
> 1. **Os impostos, diversamente das taxas, têm com nota característica sua desvinculação a qualquer atividade estatal específica em benefício do contribuinte**.
>
> 2. Consectariamente, **o Estado não pode ser coagido à realização de serviços públicos, como contraprestação ao pagamento de impostos**, quer em virtude da natureza desta espécie tributária, quer em função da autonomia municipal, constitucionalmente outorgada, no que se refere à destinação das verbas públicas.
>
> 3. A relação de consumo não guarda semelhança com a relação tributária, ao revés, dela se distancia, pela constante supremacia do interesse coletivo, nem sempre encontradiço nas relações de consumo.
>
> 4. O Estado no exercício do *jus imperii* que encerra o Poder Tributário submete-se às normas de Direito Público, constitucionais, complementares até ordinárias, mas de ficção jurídica diversa do Código de Defesa do Consumidor. Sob esse ângulo, o CTN é *lex specialis* e derroga a *lex generalis* que é o CDC.
>
> 5. Recurso Especial desprovido. (Resp 478.958, Rel. Min. Luiz Fux, 1ª Turma, j. 24.06.2003, grifado pelo autor).

Marcus Abraham, citando a decisão acima, observa:

> "Isso não quer dizer, entretanto, que o Estado está desobrigado a oferecer bens e serviços para a coletividade com o produto dos recursos arrecadados pelos impostos. Muito pelo contrário, os recursos financeiros originários dos impostos devem ontologicamente, financiar as despesas públicas do Estado. O que não se pode é exigir deste uma atividade específica por decorrência do pagamento de imposto." (ABRAHAM, 2015, p. 154)

O fato gerador dos impostos não terá relação com alguma atuação do Poder Público. Pelo contrário, será uma situação ou atividade do particular. Essa característica está prevista legalmente, no artigo 16 do CTN:

> Art. 16. Imposto é o tributo cuja obrigação tem por fato gerador uma situação independente de qualquer atividade estatal específica, relativa ao contribuinte.

Para que surja a obrigação tributária referente aos impostos, basta, por exemplo, a aquisição de disponibilidade econômica ou jurídica de renda (Imposto de Renda), ou, ainda, o fato de ser proprietário de veículo automotor (Imposto sobre a Propriedade de Veículos Automotores). Não se perquire em relação a uma atividade do Poder Público.

Não se pode confundir a característica da não vinculação, que diz respeito ao fato gerador dos impostos, com outra marca dos impostos, qual seja, a **arrecadação não vinculada**.

Os impostos também são tributos de arrecadação não vinculada, o que significa que a receita de sua arrecadação não está adstrita a serviços, órgãos ou fundos específicos. Na realidade, as receitas dos impostos podem ser destinadas para as mais variadas finalidades, sendo por isso considerados **tributos não finalísticos**, ao contrário dos empréstimos compulsórios e das contribuições especiais.

Por esse motivo, costuma-se dizer que os impostos são vocacionados ao custeio dos serviços universais, como segurança pública, defesa externa e diplomacia, por exemplo, que se contrapõem aos serviços públicos específicos e divisíveis (que por sua vez são custeados por taxas).

Misabel Derzi elenca duas funções da desafetação das receitas dos impostos:

> "A primeira, evidente, é a mais técnica. (...) As receitas devem formar uma massa distinta e única, cobrindo o conjunto das despesas. Somente assim será possível o planejamento, se avultam as vinculações, feitas pelo legislador tributário ao criar o imposto, ficando a receita comprometida por antecipação, cassar-se-á a faculdade de programar por meio de lei orçamentária, de planejar e de estabelecer prioridades. (...) A segunda função, mais relevante que a primeira, prende-se ao caráter acentuadamente redistributivo dos impostos." (DERZI, 2015, p. 271)

Essa característica da arrecadação não vinculada dos impostos não é absoluta. Comporta exceção prevista no texto constitucional, que em seu artigo 167, IV, que permite a vinculação da receita de impostos aos serviços públicos de saúde, ensino, e realização de atividades da administração tributária:

> CF, art. 167. São vedados: (...) IV – a vinculação de receita de impostos a órgão, fundo ou despesa, ressalvadas a repartição do produto da arrecadação dos impostos a que se referem os arts. 158 e 159, a destinação de recursos para as ações e serviços públicos de saúde, para manutenção e desenvolvimento do ensino e para realização de atividades da administração tributária, como determinado, respectivamente, pelos arts. 198, § 2º, 212 e 37, XXII, e a prestação de garantias às operações de crédito por antecipação de receita, previstas no art. 165, § 8º, bem como o disposto no § 4º deste artigo; (Redação dada pela Emenda Constitucional nº 42, de 19.12.2003)

Essa vedação da vinculação das receitas dos impostos aplica-se não apenas às receitas que já ingressaram nos cofres públicos, mas também a benefícios fiscais (caso em que haveria uma vinculação antes da entrada da receita nos cofres públicos), conforme o entendimento do STF:

> AÇÃO DIRETA DE INCONSTITUCIONALIDADE. LEI COMPLEMENTAR DISTRITAL N. 26/97. CRIAÇÃO DO PROGRAMA DE INCENTIVO ÀS ATIVIDADES ESPORTIVAS MEDIANTE CONCESSÃO DE INCENTIVO FISCAL ÀS PESSOAS JURÍDICAS. CONTRIBUINTES DO IMPOSTO SOBRE PROPRIEDADE DE VEÍCULOS AUTOMOTORES. VIOLAÇÃO DO DISPOSTO NO ARTIGO 167, INCISO IV, DA CONSTITUIÇÃO DO BRASIL.
>
> 1. É inconstitucional a lei complementar distrital que cria programa de incentivo às atividades esportivas mediante concessão de benefício fiscal às pessoas jurídicas, contribuintes do IPVA, que patrocinem, façam doações e investimentos em favor de atletas ou pessoas jurídicas.
>
> 2. O ato normativo atacado a faculta vinculação de receita de impostos, vedada pelo artigo 167, inciso IV, da CB/88. **Irrelevante se a destinação ocorre antes ou depois da entrada da receita nos cofres públicos**.
>
> 3. Ação Direta de Inconstitucionalidade julgada procedente para declarar a inconstitucionalidade da vinculação do imposto sobre propriedade de veículos automotores – IPVA, contida na LC 26/97 do Distrito Federal. (ADI 1.750 Pleno, Rel. Min. Eros Grau, j. 20.09.2006, grifado pelo autor)

Também decidiu o STF, com fundamento no artigo 167, IV da CF, que é inconstitucional a lei que determina o reajuste automático de vencimentos de servidores públicos à arrecadação de ICMS (RE 218.874, Pleno, Rel. Min. Eros Grau, j. 07.11.2007, DJ 01.02.2008).

Os impostos também são **nominados**, considerando que estão listados e atribuídos aos entes políticos pela Constituição. Diferentemente das taxas, que podem ser instituídas pelos entes políticos com materialidades idênticas, os impostos são individualizados e disciplinados de forma básica entre os artigos 153 e 156 do texto constitucional, cabendo à lei complementar definir seus fatos geradores, base de cálculo e contribuintes (CF, 146, III, *a*). Paulo de Barros Carvalho comenta essa característica:

> "Têm os impostos um regime jurídico-constitucional peculiar. A Carta Magna reparte a competência legislativa para instituí-los entre as pessoas políticas de direito constitucional interno – União, Estados, Distrito Federal e Municípios – de sorte que não ficam à disposição dessas entidades, como ocorre com as taxas e a contribuição de melhoria (tributos vinculados), que podem ser criadas por qualquer uma daquelas pessoas, desde que, naturalmente, desempenhem a atividade que serve de pressuposto à sua decretação. Fala-se, por isso, em competência privativa para a instituição dos impostos, que o constituinte enumerou, **nominalmente**, indicando a cada uma dessas pessoas políticas quais aqueles que lhe competia estabelecer. E deriva dessa repartição de competências legislativas a divisão dos impostos em função do conteúdo material que há de integrar o núcleo das respectivas hipóteses normativas." (CARVALHO, 2013, p. 58, grifado pelo autor).

Não se pode dizer, com isso, que os impostos estão dispostos na Constituição em um rol *numerus clausus* ou taxativo. Isso porque **a Carta Magna atribui à União uma competência residual para instituição de impostos não previstos na Constituição**. Para o exercício dessa competência, a União deve obedecer às condições do artigo 154, I da CF: a) a instituição deve ser por lei complementar, e não por lei ordinária; b) o imposto a ser criado deve ser não cumulativo; e c) o fato gerador e a base de cálculo do imposto residual não podem coincidir com o fato gerador e a base de cálculo dos impostos já previstos no texto constitucional.

Na prática, essa competência residual para a criação de impostos até hoje não foi exercida sob a égide da Constituição de 1988, tendo em vista que a União também possui competência para a instituição de contribuições sociais residuais (art. 195, § 4º da CF/88), que podem possuir fato gerador e base de cálculo coincidentes com os impostos (STF, RE 258.470).

Assim, a criação de novos impostos é muito mais difícil do que de novas contribuições, já que aqueles não podem ter a mesma materialidade dos impostos já existentes, o que exige uma grande criatividade do legislador infraconstitucional para a criação de impostos residuais.

De qualquer forma, essa possibilidade de criação de novos impostos por lei complementar põe em xeque o artigo 17 do CTN, segundo o qual "os impostos componentes do sistema tributário nacional são exclusivamente os que constam deste Título, com as competências e limitações nele previstas".

Além da competência residual para a criação dos impostos, a União e o Distrito Federal possuem também competência **cumulativa**, prevista no artigo 18 do CTN e no artigo 147 da CF.

No caso da União, pode esta instituir, **cumulativamente**, nos Territórios Federais, os impostos estaduais, e até mesmo os impostos municipais, mas neste último caso apenas se o Território Federal não for dividido em municípios.

O Distrito Federal, por sua vez, possui a **competência cumulativa** de instituir impostos estaduais e municipais.

## 2. CLASSIFICAÇÃO DOS IMPOSTOS

Nesse tópico abordaremos algumas classificações dos impostos que nos acompanharão no decorrer do estudo dos impostos em espécie.

### 2.1. Impostos Fiscais e Extrafiscais

Os impostos fiscais, ou de função **fiscal**, são aqueles que possuem a função arrecadatória como predominante, objetivando assim, carrear recursos aos cofres públicos. Temos como exemplo de impostos fiscais o Imposto de Renda, o ITCMD e o ITBI.

Outros impostos, contudo, possuem uma função preponderantemente **extrafiscal**, caso em que destinam-se a estimular ou desestimular um determinado comportamento do contribuinte, ou até mesmo incentivar um setor econômico.

Dessa maneira, os impostos sobre o comércio exterior (II e IE) são nítidos exemplos de impostos extrafiscais, uma vez que sua função precípua não é o aporte de recursos ao Erário, mas sim a regulação de importações e exportações tornando-as mais ou menos onerosas, a depender das metas econômicas do País.

Uma observação se faz necessária. Nenhum imposto será exclusivamente fiscal ou extrafiscal, pois todo imposto instituído, inevitavelmente, arrecadará e também influenciará na economia e no comportamento dos contribuintes de certo modo.

Por isso, mesmo um imposto com função predominantemente fiscal terá uma faceta extrafiscal e vice-versa. Exemplo disso é o Imposto sobre Produtos Industrializados, considerado pela doutrina majoritária como fiscal, mas que tem na seletividade um desestímulo ao consumo de produtos supérfluos (explicaremos minuciosamente a seletividade do IPI no capítulo destinado exclusivamente ao estudo desse imposto).

## 2.2. Impostos Diretos e Indiretos

Essa classificação leva em conta a repercussão econômica do tributo.

Os impostos **diretos** são aqueles cujo ônus econômico é suportado apenas pela pessoa eleita pela norma tributária como contribuinte do imposto, chamado de **contribuinte de direito**. Nesse caso não há sujeitos estranhos à relação jurídico-tributária que arcarão financeiramente com o tributo. Exemplos de impostos diretos são os impostos sobre o patrimônio e a renda: IR, IPVA, ITBI, ITCMD.

Impostos **indiretos**, contrariamente, são os que possuem uma repercussão econômica, sendo pagos, indiretamente, por sujeitos alheios à relação jurídico-tributária, chamados de **contribuintes de fato**. Esse último é aquele sujeito que, apesar de não ter sido eleito pela norma tributária como a pessoa obrigada legalmente a adimplir a prestação pecuniária do imposto, suportará financeiramente o encargo tributário. Em outras palavras, é o patrimônio do contribuinte de fato que sofrerá uma redução com o imposto indireto.

Os exemplos dessa espécie são notadamente os impostos sobre a produção e sobre o consumo, tais como o ICMS e o IPI, que têm seus custos repassados ao consumidor final, compondo o preço dos produtos e mercadorias adquiridos.

Costuma-se fazer duas críticas a essa classificação.

A primeira seria a de que essa classificação toma um aspecto econômico para definir uma realidade jurídica, trazendo para o Direito noções e conceitos que lhes são estranhos. Os maiores representantes dessa corrente de pensamento são Paulo de Barros Carvalho e Roque Antônio Carrazza. Regina Helena Costa comenta:

> "A classificação dos impostos em diretos e indiretos, embora ainda considerada por muitos irrelevante para o Direito, sob o argumento de que sedimentada num fenômeno puramente econômico, tem, em nosso entender, relevância jurídica. Basta lembrar as regras da seletividade em função da essencialidade do produto, mercadoria ou serviço, e da não cumulatividade, aplicáveis ao IPI, e ao ICMS, reveladoras da preocupação constitucional com o contribuinte de fato." (COSTA, 2014, p. 133)

Em posição oposta, temos Misabel Derzi:

> "falamos de repercussão jurídica, e não de repercussão econômica. Se a repercussão jurídica corresponde à econômica, essa é uma coincidência desejável ou desejada pelo legislador, mas apenas uma coincidência que muitas vezes não ocorre. (...) Bem se vê que os institutos econômicos são inspiradores das normas jurídicas, mas são por ela transformados em fatos jurídicos próprios (diferentes)." (DERZI, 2015, p. 1.306)

Também Luciano Amaro:

> "o dado da ciência das finanças só é metajurídico enquanto ele não se juridiciza; nesse momento, ele passa a ser um dado jurídico (...) sempre que um fenômeno (corresponda ele a um fato econômico, ou financeiro, ou social, ou natural – como o fato do nascimento – etc.) é objeto de disciplina jurídica, ele adquire foros de cidadania nos domínios do direito" (AMARO, 2005, p. 77)

A segunda crítica seria a de que mesmo os impostos diretos possuem repercussão econômica, já que até o Imposto de Renda, por exemplo, será computado como um custo da empresa na venda ou produção de suas mercadorias/produtos. Desse modo, mesmo que de forma oblíqua, os impostos diretos também são repassados ao consumidor final.

## 2.3. Impostos pessoais e reais

A distinção entre impostos pessoais e reais tem por base uma maior ou menor aproximação do aspecto material da hipótese de incidência do imposto com o aspecto pessoal.

Dessa forma, os impostos reais são aqueles que possuem uma maior identidade com o aspecto material da hipótese de incidência, tendo mais importância o fato ou a coisa que dá ensejo à tributação, sendo irrelevantes as condições ou características pessoais do contribuinte. A incidência do tributo ocorrerá da mesma forma para sujeitos passivos com qualidades completamente diferentes. Exemplos desses impostos são o IPI, o ICMS, o IOF, o ITR, entre outros.

Já os impostos pessoais são aqueles em que o aspecto material da hipótese de incidência mantém uma relação próxima com o aspecto pessoal do tributo. Nesse caso, serão levadas em conta as qualidades pessoais do contribuinte, e o imposto incidirá de forma diferente conforme se alterem as características do sujeito passivo. Como sintetiza Regina Helena Costa (2014, p. 133), "nesse caso, as qualidades jurídicas dos sujeitos passivos refletem-se no aspecto material da hipótese de incidência para estabelecer diferenciação no tratamento destes".

O exemplo clássico de imposto pessoal é o Imposto de Renda, que no caso de pessoas físicas poderá ter uma série de deduções em relação a despesas do contribuinte com educação e saúde. Ou seja, a depender das condições pessoais do contribuinte, o aspecto quantitativo do imposto será diferente. Também em relação às pessoas jurídicas, existirão diferentes formas de apuração do montante a ser pago a depender das particularidades da pessoa jurídica.

Registre-se a crítica de Roque Carrazza a essa classificação:

> "Esta distinção, sem nenhuma dúvida, não é jurídica. Juridicamente, todos os impostos são pessoais, na medida em que o contribuinte é sempre uma pessoa (física ou jurídica). Dito de outro modo, no polo passivo das obrigações impositivas – como, de resto, de todas as relações jurídicas – só pode figurar uma pessoa; nunca uma coisa." (CARRAZZA, 2015, p. 624)

O STF, contudo, acolhe tal diferenciação, apesar de entender possível a aplicação da progressividade tanto aos impostos pessoais como aos impostos reais (RE 562.045, j. 06.02.2013).

| FISCAIS | | EXTRAFISCAIS |
|---|---|---|
| objetivam arrecadar | X | influenciam comportamento |

| DIRETOS | | INDIRETOS |
|---|---|---|
| atingem apenas o patrimônio do contribuinte de direito | X | atingem o patrimônio de um terceiro (contribuinte de fato) |

| PESSOAIS | | REAIS |
|---|---|---|
| considera as características e condições particulares do contribuinte | X | as características e condições particulares do contribuinte são irrelevantes |

## 3. QUESTÕES OBJETIVAS

**1. (CESPE– Advogado Júnior da Petrobrás– 2007)** Considere que determinado Estado da Federação tenha editado lei concedendo benefícios fiscais às pessoas jurídicas domiciliadas em seu território que patrocinassem ou fizessem doações em prol de atividades esportivas. Nesse caso, a lei fere o dispositivo constitucional que veda a vinculação de receita de impostos a despesas específicas.

**2. (CESPE– Promotor de Justiça– 2007)** Se um indivíduo é notificado a pagar um tributo, por natureza, não vinculado, é correto afirmar que essa exação é um(a):

a)	imposto.

b)	taxa.

c)	contribuição de melhoria.

d)	empréstimo compulsório.

e)	contribuição parafiscal.

**3. (MPF – Procurador da República – 2013)** lei estadual estabelece progressividade de alíquota do imposto sobre transmissão *causa mortis* e doação de bens e direitos (ITCMD). Neste caso, segundo o STF:

a)	É incabível a progressividade de alíquotas porquanto é restrita aos tributos taxativamente elencados na vigente CF;

b)	A progressividade prevista na cobrança viola o princípio da capacidade contributiva;

c) É cabível a cobrança do referido imposto de forma progressiva com vistas a assegurar a aferição da capacidade econômica do contribuinte;

d) A progressividade na cobrança do imposto infringe o constitucional princípio da igualdade material tributária.

| GABARITO | |
|---|---|
| 1 | Correta |
| 2 | A |
| 3 | C |

# Capítulo 2
# IMPOSTO SOBRE A IMPORTAÇÃO

> **SUMÁRIO** • 1. Noções gerais e características; 2. Fato gerador; 3. Contribuinte; 4. Base de cálculo e alíquotas; 5. Lançamento; 6. *Drawback*; 7. Imposto de Importação e Sanção Política; 8. Orientações da PGFN; 9. Questões objetivas; 10. Revisão do capítulo – Perguntas e respostas.

## 1. NOÇÕES GERAIS E CARACTERÍSTICAS

O imposto sobre a importação (II) está previsto no artigo 153, I da CF, sendo de competência da União e vocacionado a estimular/desestimular um determinado comportamento ao contribuinte (é, portanto, um tributo **extrafiscal** ou regulatório).

O II, desse modo, é um instrumento destinado à proteção da indústria nacional. Por esse motivo, sua incidência só se justifica quando há **similaridade** entre o produto estrangeiro e o nacional. Nas palavras de Regina Helena Costa,

> "(...) se há produto similar nacional, a importação do produto estrangeiro será gravada pelo Imposto de Importação, exatamente porque, como visto, a função precípua desse imposto é a proteção da indústria nacional. Diversamente, em se tratando de produto sem similar nacional, em condições de substituir o importado, é caso de isenção, porquanto não há o que proteger" (COSTA, 2014, p. 352)

Essa extrafiscalidade exige maior liberdade para responder às oscilações do comércio exterior, e por isso o Poder Executivo pode alterar suas alíquotas dentro das condições e dos limites estabelecidos em lei (CF, artigo 153, § 1º), o que configura uma **mitigação do princípio da legalidade** do direito tributário. Essa alteração de alíquotas por decreto, entretanto, deve ser motivada, sendo inválidas as Resoluções do Conselho de Política Aduaneira, que, em seu texto, não trazem a fundamentação em que se basearam para fixar aquela pauta." (STF, RE 94.205-0-SP, Rel. Min. Moreira Alves).

Posteriormente, **o Pleno do STF adotou posição mais favorável à União** e considerou válida a motivação que não se encontra no próprio decreto, mas apenas no processo administrativo que a ele deu origem:

> **"A motivação do decreto que alterou as alíquotas encontra-se no procedimento administrativo de sua formação, mesmo porque os motivos do decreto não vêm nele próprio."** (STF, RE 225.602-8, Pleno, Rel. Min. Carlos Velloso, j. 25/11/1998, DJ 06.04.2001).

Também como decorrência de sua função regulatória, o II não se submete à anterioridade anual e nonagesimal. Tal característica regulatória do II inclusive serve de vetor interpretativo para suas normas, como entende o STJ (REsp 601.022/RJ, Rel. Min. Humberto Martins 2ª Turma, DJe de 16/12/2009).

Em outro julgado, o STJ acolheu a argumentação da Advocacia Pública e posicionou-se pela impossibilidade de o Judiciário adentrar nas razões da redução de alíquota do II pelo Poder Executivo, abordando o tema da extrafiscalidade do II sob a ótica da separação dos poderes e da conveniência e oportunidade do ato administrativo:

> "Não compete ao Poder Judiciário adentrar nos motivos pelos quais a CAMEX, em sua Resolução n. 10/2005, limitou o benefício a equipamentos com determinada capacidade, sobretudo porque **a redução de alíquota do Imposto de Importação, em razão de sua natureza extrafiscal, está afeta às políticas sociais e econômicas elaboradas pelo Poder Executivo, cujo mérito administrativo, conforme comezinha lição de direito administrativo, não se sujeita ao controle jurisdicional**, salvo quanto à sua constitucionalidade e legalidade. (...)" (STJ, REsp 1.145.540/SC, Rel. Min. Mauro Campbell Marques, 2ª Turma, DJe de 28/10/2010, grifado pelo autor).

## 2. FATO GERADOR

O II não é um imposto incidente sobre uma operação necessariamente comercial. Sua materialidade não está ligada à noção de transferência da titularidade. O que importa, para se configurar o fato gerador do II, é a **entrada de produto estrangeiro no território nacional** (artigo 19 do CTN).

Leandro Paulsen ensina que

> "O aspecto material da hipótese de incidência do Imposto sobre a Importação é a entrada do produto estrangeiro, ou seja, de qualquer bem produzido no exterior, pela natureza ou pelo homem. Não se restringe à entrada de produtos industrializados e de produtos corpóreos. Alcança também produtos para a incorporação no ativo fixo

das empresas ou mesmo para consumo pelo importador, produtos naturais e eventuais produtos intangíveis." (PAULSEN e MELO, 2012, p. 17, grifo nosso)

Enquanto o art. 153, I da CF e o art. 19 do CTN falam em produtos, o art. 1º do DL 37/66 fala em mercadoria ao se referir ao objeto da importação.

▶ **Existe diferença entre esses conceitos? Caso positiva a resposta, qual deles prevalece para fins de definição do fato gerador do II?**

De fato, há diferença entre esses dois conceitos. Como mercadoria é conceito mais restrito do que produto (aquela diz respeito apenas aos objetos destinados ao comércio, enquanto este é todo bem material resultado de um processo produtivo), o DL 37/66 não teve o efeito de alterar o fato gerador do imposto, pois não poderia modificar o conceito constitucional utilizado para definir o fato gerador do II. Desse modo, mesmo os produtos estrangeiros, ainda que não sejam objeto de mercancia, são suficientes para identificar o critério material do fato gerador do II.

Segundo Misabel Derzi:

"A Constituição de 1988 (art. 153) e o art. 19 do CTN utilizam-se da expressão produto, mais ampla do que mercadoria, enquanto o Decreto-lei nº 37/1966, no art. 1º, emprega o termo mercadoria. Mas a doutrina não vê nisso, com razão, qualquer limitação da lei ordinária de caráter isencional ou não exercício pleno de sua competência. (...) Na importação não é relevante que haja negócio jurídico ou transferência de propriedade. Basta considerar que os bens e objetos de uso pessoal do importador (bagagem) podem se sujeitar a imposto" (DERZI, 2015, p. 282-283)

Em outras palavras, o conceito de produto é o que deve ser utilizado para definição do fato gerador do II.

Nem sempre, contudo, a mera entrada física acarretará na exigência do II pela autoridade fiscal, pois o imposto não será devido quando o produto ingressa apenas para participação em feira/evento ou porque precisa passar pelo território brasileiro para chegar a outro país. Trata-se da **admissão temporária**, que se contrapõe ao ingresso definitivo, como bem explicado na seguinte assertiva, considerada **correta** pelo CESPE no concurso de juiz de direito da Bahia em 2006:

✓ **"Considere que, após ter sido constatada calamidade pública em determinado município, tenha sido autorizada a admissão temporária de máquinas e equipamentos de diversos países do Mercado Comum Europeu. Nessa situação, findo o prazo de admissão, caso a sociedade comercial decida integrar tais bens a seu ativo fixo, a União poderá cobrar os impostos sobre a importação dos referidos bens."**

A jurisprudência do STF, contudo, admite a inaplicabilidade do regime de admissão temporária às mercadorias importadas através de contrato de arrendamento mercantil:

1. Recurso Extraordinário em que se argumenta a não incidência do II e do IPI sobre operação de importação de sistema de tomografia computadorizada, amparada por contrato de arrendamento mercantil.

2. **Alegada insubmissão do arrendamento mercantil, que seria um serviço, ao fato gerador do imposto de importação (art. 153, I da Constituição). Inconsistência.** Por se tratar de tributos diferentes, com hipóteses de incidência específicas (prestação de serviços e importação, entendida como a entrada de bem em território nacional – art. 19 do CTN), **a incidência concomitante do II e do ISS não implica bitributação ou de violação de pretensa exclusividade e preferência de cobrança do ISS.**

3. Violação do princípio da isonomia (art. 150, II da Constituição), na medida em que o art. 17 da Lei 6.099/1974 proíbe a adoção do regime de admissão temporária para as operações amparadas por arrendamento mercantil. Improcedência. **A exclusão do arrendamento mercantil do campo de aplicação do regime de admissão temporária atende aos valores e objetivos já antevistos no projeto de lei do arrendamento mercantil, para evitar que o leasing se torne opção por excelência devido às virtudes tributárias e não em razão da função social e do escopo empresarial que a avença tem.** (STF, RE 429.306, Rel. Min. Joaquim Barbosa, DJe 15.03.2011, grifado pelo autor)

A reimportação para substituição da mercadoria defeituosa por outra idêntica, porém sem o defeito, também não importa em nova exigência do II, conforme entende o STJ (REsp 953.655/SP, Rel. Min. Mauro Campbell Marques, 2ª Turma, DJe 30/09/2010). Da mesma forma, se a devolução de mercadoria ocorrer por fato alheio à vontade do exportador, por conta do envio equivocado de mercadorias para o exterior, não há que se falar em incidência do II (REsp 1.213.245, Rel. Min. Mauro Campbell Marques, 2ª Turma, DJe 25.11.2010).

► **O que seria entrada ficta ou presumida? Ela também seria suficiente para a ocorrência do fato gerador do II?**

A entrada ficta ou presumida ocorre quando a fiscalização aduaneira verificar que determinada mercadoria discriminada como importada na declaração do importador não estiver entre as desembaraçadas. Nesse caso, considera-se que houve entrada da mercadoria, mesmo que ela não tenha sido localizada fisicamente. Tem-se aí a entrada ficta ou presumida.

Não só a entrada real é considerada fato gerador do II, mas também a **entrada ficta ou presumida**, de acordo com a previsão do art. 1º, § 2º do DL 37/66: "Para efeito de ocorrência do fato gerador, considerar-se-á entrada no Território Nacional a mercadoria que constar como tendo sido importada e cuja falta venha a ser apurada pela autoridade aduaneira".

O **elemento temporal do II** é definido pelo art. 23 do Decreto-lei 37/1966 como sendo o da data do registro, na repartição aduaneira, da declaração de importação.

A jurisprudência do STF reconhece como válido esse dispositivo, perfilhando a orientação de que o fato gerador do imposto de importação é a entrada do produto estrangeiro no território nacional (CTN, art. 19), não havendo qualquer incompatibilidade entre o art. 23 do DL 37/66 e o art. 19 do CTN (STF, RE 225.602-8, Pleno, Rel. Min. Carlos Velloso, j. 25/11/1998, DJ 06.04.2001).

O STJ adota a mesma orientação, já tendo decidido, por diversas vezes, que não há incompatibilidade entre o artigo 19 do Código Tributário Nacional e o art. 23 do Decreto-Lei n. 37/66, porquanto o desembaraço aduaneiro completa a importação e, consequentemente, representa, para efeitos fiscais, a entrada de mercadoria no território nacional. "(…) **no caso de importação de mercadoria despachada para consumo, o fato gerador do imposto de importação ocorre na data do registro da declaração de importação**" (STJ, REsp 1.220.979, Rel. Min, Humberto Martins, 2ª Turma, julgado em 05/04/2011, grifado pelo autor). Desse modo, é irrelevante a data da celebração do contrato de compra e venda ou a do embarque ou a do ingresso no país da mercadoria importada (STJ, REsp 1.016.132, Rel. Min. Luiz Fux, 1ª Turma).

> ▶ **ATENÇÃO!!!!**
>
> Esse entendimento jurisprudencial já foi objeto de questão objetiva no concurso da Juiz Federal do TRF da 5ª Região em 2012, que reproduziu a seguinte assertiva, considerada correta pelo CESPE:
>
> ✓ "No caso de mercadoria importada para consumo, o fato gerador do imposto de importação ocorre na data do registro da declaração de importação do bem, devendo a alíquota vigente nessa data ser aplicada no cálculo do imposto".

Quando se estiver diante da entrada ficta ou presumida (art. 1º, § 2º do DL 37/66), o elemento temporal do fato gerador será a data em que a autoridade aduaneira apurar a falta ou dela tiver conhecimento (art. 23, parágrafo único do DL 37/66).

## 3. CONTRIBUINTE

O contribuinte do II é, segundo o artigo 22 do CTN, o importador ou quem a lei a ele equiparar e o arrematante de produtos apreendidos ou abandonados. A figura do arrematante surge nos casos de pena de perdimento do produto importado, ou ainda em caso de produto abandonado (considera-se abandonada a mercadoria que permanecer em recinto alfandegado sem que seu despacho de importação seja iniciado no prazo legal).

O artigo 31 do DL 37/66, com a redação dada pelo DL 2.742/88, traz ainda como contribuintes o destinatário de remessa postal internacional indicado pelo respectivo remetente e o adquirente de mercadoria entrepostada.

## 4. BASE DE CÁLCULO E ALÍQUOTAS

A base de cálculo do II pode ser, de acordo com o art. 20 do CTN, a **unidade de medida** adotada pela lei tributária, quando a alíquota for específica (CTN, art. 20, I); o **preço normal** que o produto, ou seu similar, alcançaria, ao tempo da importação, em uma venda em condições de livre concorrência, para entrega no porto ou lugar de entrada do produto no País (CTN, art. 20, II); o **preço da arrematação**, quando se trate de produto apreendido ou abandonado, levado a leilão (CTN, art. 20, III).

No primeiro caso, adota-se uma unidade de medida (que pode ser peso, volume, metragem, ou quantidade) como base de cálculo em combinação com uma **alíquota específica**, expressa em um valor monetário fixo. Por exemplo, a base de cálculo do II pode ser um quilo de bacalhau, e a alíquota um real. Ou ainda um metro de seda, e a alíquota dois reais. Para se chegar ao montante devido de II, basta multiplicar a alíquota pela base de cálculo.

Quando a base de cálculo é o preço normal que o produto ou seu similar alcançaria ao tempo da importação, a **alíquota será *ad valorem***, o que significa um percentual a ser aplicado no valor do produto importado. Esse preço normal não corresponde necessariamente ao valor da operação (facilmente adulterável pelo importador), pois a base de cálculo nesse caso será uma presunção adotada para combater a sonegação, denominando-se **valor aduaneiro**, previsto no Acordo Geral de Tarifas e Comércio (GATT). O valor aduaneiro fixado no GATT não pode ser alterado pela legislação interna, diante da regra do art. 98 do CTN (os tratados e as convenções internacionais revogam ou modificam a legislação tributária interna, e serão observados pela que lhes sobrevenha).

Esse mecanismo utilizado pelo Fisco para combater a fraude e a evasão fiscal é chancelada pelo STJ, que já decidiu ser a valoração aduaneira "uma das formas revestidas de caráter legal, aplicável aos países que transacionam entre si, com a intenção de protegê-los quanto à remessa ao exterior de divisas indevidas, descaminho, contrabando, e corrigir a sonegação de impostos a serem recolhidos aos erários respectivos, como já esclarecido, este sistema foi ratificado pelo Brasil em Tratado Internacional do GATT, e deve ser observado pela lei que lhes sobrevenha. Em consequência, **cabível o Fisco recusar fé aos documentos apresentados pelo importador e efetuar arbitramento dos valores das mercadorias**" (STJ, REsp 727.825, Rel. Min Luiz Fux, 2ª Turma, grifado pelo autor).

> ▶ **ATENÇÃO!!!!**
>
> O conceito de valor aduaneiro já foi cobrado no concurso para o cargo de juiz federal do TRF da 5ª Região, em 2007, como se pode ver da seguinte assertiva, considerada errada:
>
> ✘ "A base de cálculo do imposto sobre importações, quando a alíquota seja *ad valorem*, é o valor aduaneiro, ou seja, o valor pelo qual foi realizado o eventual negócio jurídico referente à importação."

O preço de arrematação será a base de cálculo para o produto apreendido ou abandonado levado a leilão. Esse leilão é realizado pela repartição aduaneira (art. 63 do DL 37/1966), não se confundindo com o leilão realizado em processo judicial. O STJ já fez essa diferenciação à luz do art. 108, §§ 1º e 2º do CTN (o emprego da analogia não pode resultar na exigência de tributo não previsto em lei, assim como o emprego da equidade não pode resultar na dispensa do pagamento de tributo devido), decidindo que, **tratando-se de mercadoria penhorada em ação de execução, não é possível o recolhimento do imposto de importação com base no preço de arrematação (art. 63 do DL 37/66), mas sim no valor aduaneiro atribuído à coisa leiloada** (REsp 1.089.289, Rel. Min. Benedito Gonçalves, 1ª Turma).

Por fim, deve-se atentar para a dissonância entre o art. 21 do CTN e o art. 153, § 1º da CF. Enquanto aquele dispositivo faculta ao Poder Executivo a alteração de alíquotas e base de cálculo do II, a Constituição apenas permite a alteração de alíquotas por ato infralegal. Essa antinomia, que pode ser indagada em questões objetivas, discursivas ou na fase oral, se resolve pelo critério hierárquico, prevalecendo o art. 153, § 1º da CF. O mesmo vale para o Imposto sobre Exportação, já que o art. 26 do CTN também foi parcialmente recepcionado pelo art. 153, § 1º da CF.

**Quadro-resumo: alíquotas específicas e *ad valorem***

| Alíquota específica | Alíquota *ad valorem* |
| --- | --- |
| Valor monetário fixo, multiplicado em razão de uma determinada unidade de medida, como por exemplo: três reais por quilo; 10 reais por metro. | Percentual a ser aplicado no valor do produto importado. Exemplo: 3% sobre o valor de uma máquina de dois mil reais. |

## 5. LANÇAMENTO

A definição da modalidade de lançamento do II já foi objeto de grandes divergências, tendo havido até parecer da PGFN no sentido de reformular entendimento anterior a respeito.

▶ **A declaração de importação teria o condão de caracterizar o lançamento do II como por declaração?**

A resposta é negativa.

A doutrina majoritária entende que o II tem seu lançamento realizado por homologação, uma vez que a legislação tributária impõe a antecipação do pagamento do tributo, sem o prévio exame da autoridade administrativa, nos termos do art. 150, *caput*, do CTN.

A própria PGFN, no **parecer PGFN/CAT/Nº 735 /95** (citado ao final do capítulo, em "orientações da PGFN"), expressa o entendimento de que o lançamento do II se dá por homologação.

Dentre os principais argumentos do parecer, temos que

> "**quando do registro da DI o importador já deve ter efetuado o recolhimento dos tributos devidos, sendo o DARF respectivo documento indispensável para a promoção do despacho**. Após o pagamento do tributo, assim como a entrega de toda documentação pertinente, é que ocorre a verificação, pela autoridade fazendária, do cumprimento das formalidades legais exigíveis no caso".

Não se pode afirmar, portanto, que o registro da declaração de importação caracterize o lançamento como por declaração. Ressalve-se o entendimento de Leo Krakowiak e Ricardo Krakowiak, que entendem ser o referido lançamento por declaração.

## 6. DRAWBACK

O presente tópico possui especial relevância para aqueles que se preparam para os concursos da **Receita Federal** e da **Procuradoria da Fazenda Nacional**.

*Drawback* é um incentivo fiscal à exportação, um estímulo à indústria nacional mediante a suspensão, isenção ou restituição de tributos incidentes sobre a importação quando os insumos forem destinados a beneficiamento, fabricação ou complementação de produtos destinados à posterior exportação. Ou seja, o *drawback* reduz a carga tributária referente ao II quando a respectiva mercadoria importada estiver vinculada a uma futura exportação.

Esse instituto é disciplinado no Decreto-lei 37/66 da seguinte maneira:

> "Art. 78: Poderá ser concedida, nos termos e condições estabelecidas no regulamento:
>
> I – restituição, total ou parcial, dos tributos que hajam incidido sobre a importação de mercadoria exportada após beneficiamento, ou utilizada na fabricação, complementação ou acondicionamento de outra exportada;
>
> II – suspensão do pagamento dos tributos sobre a importação de mercadoria a ser exportada após beneficiamento, ou destinada à fabricação, complementação ou acondicionamento de outra a ser exportada;

III – isenção dos tributos que incidirem sobre importação de mercadoria, em quantidade e qualidade equivalentes à utilizada no beneficiamento, fabricação, complementação ou acondicionamento de produto exportado".

O STJ entende que o *drawback* é uma operação única, apesar de possuir momentos distintos. Como o *drawback* é um benefício fiscal, aplica-se a ele o art. 60 da Lei 9.069/95, segundo o qual a concessão ou reconhecimento de qualquer incentivo ou benefício fiscal, relativos a tributos e contribuições administrados pela Secretaria da Receita Federal fica condicionada à comprovação pelo contribuinte, pessoa física ou jurídica, da quitação de tributos e contribuições federais. Tal comprovação de quitação deve ocorrer na concessão ou no reconhecimento do incentivo, sendo ilegal a exigência de nova certidão no momento do desembaraço aduaneiro, uma vez que o importador já é titular do benefício fiscal em razão do ato concessivo do regime especial:

> PROCESSO CIVIL. RECURSO ESPECIAL REPRESENTATIVO DE CONTROVÉRSIA. ARTIGO 543-C, DO CPC. TRIBUTÁRIO. REGIME DE *DRAWBACK*. DESEMBARAÇO ADUANEIRO. CERTIDÃO NEGATIVA DE DÉBITO (CND). INEXIGIBILIDADE. ARTIGO 60, DA LEI 9.069/95.
>
> 1. **_Drawback_ é a operação pela qual a matéria-prima ingressa em território nacional com isenção ou suspensão de impostos, para ser reexportada após sofrer beneficiamento**.
>
> 2. O artigo 60, da Lei nº 9.069/95, dispõe que: "a concessão ou reconhecimento de qualquer incentivo ou benefício fiscal, relativos a tributos e contribuições administrados pela Secretaria da Receita Federal fica condicionada à comprovação pelo contribuinte, pessoa física ou jurídica, da quitação de tributos e contribuições federais".
>
> 3. Destarte, **ressoa ilícita a exigência de nova certidão negativa de débito no momento do desembaraço aduaneiro da respectiva importação, se a comprovação de quitação de tributos federais já fora apresentada quando da concessão do benefício inerente às operações pelo regime de _drawback_** (Precedentes das Turmas de Direito Público: REsp 839.116/BA, Rel. Ministro Luiz Fux, Primeira Turma, julgado em 21.08.2008, DJe 01.10.2008; REsp 859.119/SP, Rel. Ministra Eliana Calmon, Segunda Turma, julgado em 06.05.2008, DJe 20.05.2008; e REsp 385.634/BA, Rel. Ministro João Otávio de Noronha, Segunda Turma, julgado em 21.02.2006, DJ 29.03.2006).
>
> 4. Recurso especial desprovido. Acórdão submetido ao regime do artigo 543-C, do CPC, e da Resolução STJ 08/2008.

Referido entendimento foi cristalizado na **súmula 569 do STJ**:

Na importação, é indevida a exigência de nova certidão negativa de débito no desembaraço aduaneiro, se já apresentada a comprovação da quitação de tributos federais quando da concessão do benefício relativo ao regime de *drawback*.

## 7. IMPOSTO DE IMPORTAÇÃO E SANÇÃO POLÍTICA

Um último tema a ser abordado sobre o II diz respeito à caracterização ou não como sanção política da exigência do pagamento do imposto como condição para a liberação das mercadorias importadas.

É que as autoridades aduaneiras, fundamentando-se no artigo 511, § 1º do Decreto 4.543/2002 costumam reter mercadorias importadas cujo respectivo pagamento do II não foi efetuado.

Assim dispõe o artigo 511, § 1º do Decreto 4.543/2002:

> "Não será desembaraçada a mercadoria cuja exigência de crédito tributário no curso da conferência aduaneira esteja pendente de atendimento, salvo nas hipóteses autorizadas pelo Ministro de Estado da Fazenda, mediante a prestação de garantia"

Alguns doutrinadores entendem que **o pagamento do II é condição para o desembaraço aduaneiro do produto, sem que, com isso, haja qualquer ofensa à Súmula 323 do STF** ("É inadmissível a apreensão de mercadorias como meio coercitivo para pagamento de tributos").

Leandro Paulsen ensina que

> "sendo tais tributos devidos por força da própria operação de importação, a exigência do seu pagamento para a liberação do produto não é descabida nem configura meio impróprio para a satisfação do crédito tributário. Portanto, não se cuida de constrangimento passível de ser encarado como 'sanção política"(PAULSEN e MELO, 2012, p. 27)

Existem alguns julgados que consagram essa tese fazendária:

> EMENTA: TRIBUTÁRIO. ICMS. IMPORTAÇÃO DE MERCADORIAS. DESEMBARAÇO. ART. 155, § 2º, IX, A, DA CF/88. ART. 2º, I, DO CONVÊNIO ICMS 66/88. ART. 1º, § 2º, V, E § 6º, DA LEI FLUMINENSE Nº 1.423/89. A Constituição de 1988 suprimiu, no dispositivo indicado, a referência que a Carta anterior (EC 03/83, art. 23, II, § 11) fazia à "entrada, em estabelecimento comercial, industrial ou produtor, da mercadoria importada"; e acrescentou caber "o imposto ao Estado onde estiver situado o estabelecimento destinatário da mercadoria", evidenciando que o elemento temporal referido ao fato gerador, na hipótese, deixou de ser o momento da entrada da mercadoria no

estabelecimento do importador. Por isso, tornou-se incompatível como novo sistema a norma do art. 1º, II, do DL 406/68, que dispunha em sentido contrário, circunstância que legitimou a edição, pelos Estados e pelo Distrito Federal, em conjunto com a União, no exercício da competência prevista no art. 34, § 8º, do ADCT/88, de norma geral, de caráter provisório, sobre a matéria; e, por igual, a iniciativa do Estado do Rio de Janeiro, de dar-lhe conseqüência, por meio da lei indicada. Incensurável, portanto, em face do novo regime, o condicionamento do desembaraço da mercadoria importada à comprovação do recolhimento do tributo estadual, de par com o tributo federal, sobre ela incidente. Recurso conhecido e provido, para o fim de indeferir o mandado de segurança. (STF, RE 193.817-0, Pleno, Rel. Min. Ilmar Galvão, j. 23/10/1996)

EMENTA. TRIBUTÁRIO. IMPOSTOS DE IMPORTAÇÃO. CONDICIONAMENTO DO DESEMBARAÇO. LEGALIDADE E LEGITIMIDADE. INAPLICABILIDADE DA SÚMULA 323 DO STF. O procedimento de importação passa, obrigatoriamente, pela satisfação das exigências tributárias. Se estas não são cumpridas, não há que se falar em concessão de desembaraço aduaneiro. Por outro lado, se o importador não concordar com o valor dos tributos, deverá questioná-lo administrativamente ou judicialmente, oferecendo a garantia para tanto para obter a liberação da mercadoria. Não é possível confundir a apreensão de mercadorias – mencionada na Súmula 323 do STF – com a simples retenção, que implica não na tomada do bem, mas sim no condicionamento do desembaraço ao cumprimento das respectivas obrigações. Apelação desprovida. ( TRF da 4ª Região, 2ª Turma, Apelação em Mandado de Segurança Nº 98.04.05334-9/SC, Relator Des. João Surreaux Chagas, j. 09/03/2004)

EMENTA. MANDADO DE SEGURANÇA. IMPOSTO DE IMPORTAÇÃO. APREENSÃO DE MERCADORIAS. DESCLASSIFICAÇÃO TARIFÁRIA. SALDO DE TRIBUTO A RECOLHER. PORTARIA MF N.º 389/76. EXIGÊNCIA DE CAUÇÃO PARA LIBERAÇÃO DAS MERCADORIAS APREENDIDAS. IMPUGNAÇÃO ADMINISTRATIVA. EFICÁCIA SUSPENSIVA. SÚMULAS 323 E 547 DO STF. APELAÇÃO IMPROVIDA. SEGURANÇA NEGADA. 1. É cabível a exigência de caução consistente na diferença de imposto a recolher, em razão da desclassificação tarifária das mercadorias importadas. 2. A eficácia suspensiva das reclamações e recursos administrativos se dá nos termos das leis reguladoras do processo administrativo fiscal. O Dec. Lei n.º 37/66 deixa claro que a eficácia suspensiva do recurso é relativa aos recursos interpostos de decisão proferida em primeira instância. 3. Em matéria de imposto de importação, a apreensão de mercadorias em razão de desclassificação tarifária e a imposição do recolhimento do saldo remanescente não se constitui em hipótese de "apreensão de mercadorias como meio coercitivo para pagamento de tributos", tal qual a hipótese estampada na Súmula 323 do STF, que tratava de sanções políticas. 4. É da sistemática da tributação de operações de importação de mercadorias o recolhimento prévio do tributo, no momento da efetiva internação das mercadorias. Essa prática não é abusiva, mas inerente ao imposto sobre importações. De outro lado, admitir-se que a insurgência contra a desclassificação tarifária – mesmo nos casos em que o ato administrativo encontrasse base legal – pudesse sustar a exigência do prévio recolhimento e causar a liberação das mercadorias, seria subverter a sistemática inerente a tributação das importações. 5. Inexistência, na espécie, de direito líquido e certo a ser protegido pela via mandamental. 6. Apelação improvida. (TRF da 3ª Região, 3ª Turma – Apelação em Mandado de Segurança nº 199399, Rel. Des. Nery Júnior j. 16/10/2002)

A jurisprudência majoritária, contudo, caminha em sentido oposto, como se vê desses julgados do STJ:

TRIBUTÁRIO. AGRAVO REGIMENTAL NO RECURSO ESPECIAL. MERCADORIA IMPORTADA. DIVERGÊNCIA NA CLASSIFICAÇÃO TARIFÁRIA. RETENÇÃO PELO FISCO.

LIBERAÇÃO CONDICIONADA À APRESENTAÇÃO DE GARANTIA E COBRANÇA DE MULTA. IMPOSSIBILIDADE. PRECEDENTES DO STJ. AGRAVO NÃO PROVIDO.

1. "**Não se exige garantia pra liberação de mercadoria importada, retida por conta de pretensão fiscal de reclassificação tarifária**, com consequente cobrança de multa e diferença de tributo" (AgR no RESp 1.263.028/PR, Segunda Turma, Rel. Min. HERMAN BENJAMIN, DJe 15/612).

2. Agravo regimental não provido (AgRg no REsp 1.277.611, Rel. Min. Arnaldo Esteves Lima, j. 19/03/2013, grifado pelo autor)

TRIBUTÁRIO. AGRAVO REGIMENTAL EM RECURSO ESPECIAL. OFENSA A DISPOSITIVO CONSTITUCIONAL. COMPETÊNCIA DO STF. OFENSA A DISPOSITIVOS DA IN SRF 228/2002 E DA PORTARIA MF 350/2002. INCABÍVEL A ANÁLISE EM RECURSO ESPECIAL. **LIBERAÇÃO DE MERCADORIA CONDICIONADA AO PAGAMENTO DO TRIBUTO OU OFERECIMENTO DE GARANTIA. INADMISSIBILIDADE. SÚMULA 323/ STF.** PRECEDENTES: AGRG NO RESP 1.259.736/PR, REL. MIN. HERMAN BENJAMIN, DJE 03.10.2011 E AGRG NO AG 1.214.373/RS, REL. MIN. BENEDITO GONÇALVES, DJE 13.05.2010. SÚMULA 83/STJ. AGRAVO REGIMENTAL DESPROVIDO.

1. O Tribunal *a quo* concluiu não haver fundada suspeita quanto à origem da mercadoria nem tampouco da empresa importadora, devidamente constituída sob a égide da legislação nacional, de forma que incabível a retenção das mercadorias importadas.

2. O acolhimento das alegações deduzidas no Apelo Nobre, a fim de reconhecer a existência de fraude fiscal e sonegação demandaria, necessariamente, a incursão no acervo fático-probatório da causa, o que encontra óbice na Súmula 7 do STJ.

3. Agravo Regimental desprovido. (STJ, AgRg no REsp 1.210.712, 1ª Turma, Rel. Min. Napoleão Nunes Maia Filho, j. 15.05.2014, DJe 28.05.2014, grifado pelo autor)

Deve-se deixar claro que não se configura como sanção política a retenção de mercadorias importadas tendo como fundamento a falsificação ou adulteração de documento, pois nesse caso o motivo da retenção não é o inadimplemento de tributo:

IMPORTAÇÃO. FALSIDADE DOCUMENTAL. IRREGULARIDADE. PENA DE PERDIMENTO.

A **falsificação ou adulteração de documento** necessário ao embarque ou desembaraço de mercadorias importadas autoriza a aplicação da pena de perdimento a teor do que dispõe o art. 514, VI, do Regulamento Aduaneiro. **Instaurado procedimento administrativo para averiguar a existência da suposta irregularidade, é legítima a retenção cautelar das mercadorias**. A Turma negou provimento ao recurso. Precedente citado: REsp 529.614-RS, DJ 19/12/2003. (STJ, REsp 500.286-RS, Rel. Min. Teori Albino Zavascki, julgado em 15/3/2005, grifado pelo autor)

Desse modo, pode-se dizer que a jurisprudência majoritária não admite a retenção de mercadorias importadas até o pagamento dos tributos incidentes sobre a importação, considerando tal prática como sanção política.

Contudo, essa hipótese não se confunde com a apreensão de mercadorias por conta da não apresentação de documentação idônea, medida esta que vem sendo permitida pelos tribunais.

## 8. ORIENTAÇÕES DA PGFN

▶ PARECER PGFN/CAT/Nº 776/2003

Imposto de Importação. Projeto de Lei nº 167, de 1999. Dispõe sobre as alterações nas alíquotas do imposto de importação, submetendo-as ao Senado Federal. Incompatibilidade com o disposto no § 1º do art. 153 da Constituição Federal.

(…)

4. Com efeito, sendo o imposto de importação mais um instrumento de regulação do comércio internacional e da política cambial do que um

meio de recolher receitas, a Constituição permite expressamente que, nos limites e condições da lei, o Poder Executivo possa graduar suas alíquotas. Conforme nos ensina a Professora Mizabel Derzi (atualizadora da obra do mestre Aliomar Baleeiro, Direito Tributário Brasileiro, Forense, São Paulo, pág. 220), é regra em todos os países que a rigidez do princípio da legalidade em matéria tributária se abrande nos impostos relativos ao comércio exterior. As funções extrafiscais que lhe são prevalecentes na condução da política comercial e a celeridade necessária na adoção de medidas antidumping levaram à tradicional licença ao Poder Executivo para, nos limites da lei, graduar e fixar as alíquotas desse tributo. A lei poderá estabelecer os limites mínimo e máximo, que são as bitolas para o exercício da discricionariedade do Poder Executivo, o qual, por meio de ato do Presidente da República ou por meio de outro ato administrativo delegado, fixará as alíquotas, sem necessidade de submetê-las à apreciação do Poder Legislativo. Estamos em face daquilo que a Constituição brasileira entende ser o campo de urgência ou de relevância no Direito Tributário, campo sujeito a um regime especial, que dota o Poder Executivo de um instrumental muito mais adequado e célere do que seriam as medidas provisórias ou as leis delegadas, procedimentos que demandariam a intervenção tópica e casuística do Poder Legislativo.

5. Dentro desta linha de raciocínio, parece-nos que o Projeto de Lei de que se cuida não se coaduna com o mandamento do § 1º do art. 153 da CF. O Parecer da Comissão de Assuntos Econômicos chega a afirmar que a dessintonia do Projeto com a *ratio juris* do § 1º do art. 153 da Lei Maior, bem como a inadequação da espécie de proposição utilizada (projeto de lei ordinária – a Comissão entende que tal modificação só poderia ser efetivada mediante emenda à Constituição), fazem concluir pela inconstitucionalidade do Projeto de Lei do Senado nº 167, de 1999. Por seu turno, no voto do Relator da Comissão Parlamentar Conjunta do MERCOSUL, encontramos referência à inadequação do Projeto de Lei à Constituição, tendo em vista que a condição que pretende o Projeto estabelecer, qual seja, submeter à apreciação do Senado a alteração de alíquotas do Imposto de Importação, em essência, esvaziaria a faculdade contida no § 1º do art. 153 da CF. Segundo o Relator, a Constituição Federal disciplinou de forma peculiar a matéria, considerando suficiente que a lei tenha fixado as condições e os limites da faculdade para que, nos impostos mencionados nos itens I, II, IV e V do art. 153, o Poder Executivo, por ato normativo próprio, possa alterá-los de forma válida, sem submeter a decisão à apreciação

do Poder Legislativo. A urgência e a relevância, em tais circunstâncias, são de tal forma prevalentes que a Constituição concedeu ao Poder Executivo a faculdade bem mais ampla e genérica de emitir atos administrativos de graduação de alíquotas, para a condução de políticas econômico-fiscais, direcionadas por órgãos executivos superiores.

6. Ademais, como muito bem lembrado no Memorando nº 107/2003 – SAIN, no plano internacional, o Brasil participa de organismos e acordos, assumindo diversos compromissos relacionados ao estabelecimento e aplicação das alíquotas do imposto de importação (Acordo Geral sobre Tarifas Aduaneiras e Comércio – GATT, Organização Mundial de Comércio – OMC e Mercado Comum do Sul – MERCOSUL). Dessa forma, existe um procedimento já consolidado "para apresentação de pedidos de alteração de tarifas e/ou de nomenclatura. Por intermédio do governo brasileiro, o interessado apresenta seu pedido ao Comitê Técnico nº 1 do Mercosul, que trata de Tarifas, Nomenclatura e Classificação de Mercadorias, respondendo a um formulário aprovado nesse comitê. A Seção Nacional desse comitê, que analisa e negocia os pedidos, inclusive dos demais países do bloco, compõe--se do Ministério do Desenvolvimento, Indústria e Comércio Exterior – MDIC, que exerce a coordenação, do Ministério da Agricultura, Pecuária e Abastecimento – MAPA, do Ministério da Fazenda – MF, do Ministério das Relações Exteriores – MRE e, eventualmente, de outros órgãos interessados que participam da CAMEX".

7. Efetivamente, a competência para a edição de atos que digam respeito às alíquotas do imposto de importação foi transferida à Câmara do Comércio Exterior. É que o parágrafo único do art. 1º da Lei nº 8.085, de 23 de outubro de 1990, que dava poderes ao Presidente da República para outorgar a prática de atos da espécie ao Ministro da Fazenda, foi modificado pelo art. 52 da MP 2.158, de 2001, substituindo esta última autoridade pela CAMEX. Após a alteração, o art. 1º da Lei 8.085, de 1990, ficou assim redigido:

> "Art. 1º O Poder Executivo poderá, atendidas as condições e os limites estabelecidos na Lei nº 3.244, de 14 de agosto de 1957, modificada pelos Decretos-Leis nºs 63, de 21 de novembro de 1966, e 2.162, de 19 de setembro de 1984, alterar as alíquotas do imposto de importação.
>
> Parágrafo único. O Presidente da República poderá outorgar competência à CAMEX para a prática dos atos previstos neste artigo." (NR)

8. O Decreto nº 3.981, de 24 de outubro de 2001, rege a matéria determinando, no seu art. 2º, que compete à CAMEX fixar as alíquotas do

imposto de importação, atendidas as condições e os limites estabelecidos na Lei nº 3.244, de 14 de agosto de 1957, no Decreto-lei nº
63, de 21 de novembro de 1966, e no Decreto-lei nº 2.162, de 19 de
setembro de 1984 ( inciso XIV do art. 2º).

9. Como se pode verificar, o estabelecimento de alíquotas, no que se refere ao imposto de importação, depende de negociações efetivadas
junto aos países integrantes do MERCOSUL, sendo da competência da
CAMEX, órgão do Conselho de Governo, as aludidas negociações.

10. É certo que o projeto exclui da submissão ao senado as alterações de
alíquotas decorrentes de acordos de integração econômica. Isto significa dizer que a proposta pretende atingir a lista de exceção à tarifa
externa comum, prevista no acordo relativo à citada união aduaneira.
Ora, essa lista contém justamente os bens que devem ser resguar-
dados por razões de ordem econômica, política, social, etc., ou seja,
aqueles bens onde é mais necessária a faculdade contida no § 1º do
art. 153, em vista da relevância e urgência que deve nortear o administrador público na resolução dos assuntos da espécie.

11. Diante de todo o exposto, entendemos que o Projeto de Lei nº 167,
de 1999, ao propugnar pela submissão ao Senado Federal das alterações de alíquotas do imposto de importação, para aprovação ou re-
jeição da Casa, não se coaduna com o mandamento do § 1ºdo art.
153 da Constituição Federal, pois relativiza a permissão constante no
dispositivo.

▶ **PARECER PGFN/CRJ/Nº 2138/2006**

> Tributário. Imposto de importação. Imposto sobre produtos indus-
> trializados. Instituições de assistência social sem fins lucrativos. Imu-
> nidade. Art. 150, inciso VI, alínea "c" da Constituição da República.
> Abrangência.
>
> Jurisprudência pacífica do Egrégio Supremo Tribunal Federal.
>
> (…)

4. De há muito as entidades de assistência social vêm buscando judicialmente o reconhecimento de que a imunidade prevista no art. 150, VI,
"c" da Carta Magna abarca o II e o IPI.

5. Tal busca perante o Poder Judiciário decorre do entendimento do Fisco Federal de que esses impostos não estariam incluídos no conceito
de impostos sobre o patrimônio, renda ou serviços, de que trata o dispositivo constitucional acima mencionado.

6. Quando ainda vigia a Emenda Constitucional nº 1/69 à Constituição de 1967, a qual tinha dispositivo semelhante (art. 19, III, "c"), o STF já fixara posição favorável às entidades de assistência social.

7. Veja-se alguns exemplos de decisões daquela época:

> Imposto de Importação. Bem pertencente a patrimônio de entidade de assistência social, beneficiada pela imunidade prevista na Constituição Federal. Não incidência do tributo. Recurso Extraordinário não conhecido. (RE nº 87913/SP, Primeira Turma, rel. Ministro Rodrigues Alckimin, DJ 29.12.1977).

> IMPOSTO DE IMPORTAÇÃO. IMUNIDADE. A imunidade a que se refere a letra "c" do inciso III do artigo 19 da Emenda Constitucional nº 1/69 abrange o imposto de importação, quando o bem importado pertencer a entidade de assistência social que faça jus ao benefício por observar os requisitos do art. 14 do CTN Precedentes do STF. Recurso extraordinário conhecido e provido. (RE nº 89173/SP, Segunda Turma, rel. Ministro Moreira Alves, DJ 28.12.1978)

> Imunidade tributária das instituições de assistência social (Constituição, art. 19, III, letra c). Não há razão jurídica para dela se excluírem o imposto de importação e o imposto sobre produtos industrializados, pois a tanto não leva o significado da palavra "patrimônio", empregada pela norma constitucional. Segurança restabelecida. Recurso extraordinário conhecido e provido. (RE nº 88671/RJ, Primeira Turma, rel. Ministro Xavier de Albuquerque, DJ 03.07.1979)

8. Com a Carta de 1988, a imunidade em questão, agora prevista na alínea "c" do inciso VI do art. 150, foi interpretada com a mesma amplitude pelo STF. É o que se constata pelos seguintes julgados:

> IMUNIDADE TRIBUTÁRIA. IMPOSTO SOBRE PRODUTOS INDUSTRIALIZADOS E IMPOSTO DE IMPORTAÇÃO. ENTIDADE DE ASSISTÊNCIA SOCIAL. IMPORTAÇÃO DE "BOLSAS PARA COLETA DE SANGUE". A imunidade prevista no art. 150, VI, c, da Constituição Federal, em favor das instituições de assistência social, abrange o Imposto de Importação e o Imposto sobre Produtos Industrializados, que incidem sobre bens a serem utilizados na prestação de seus serviços específicos. Jurisprudência do Supremo Tribunal Federal. Recurso não conhecido. (RE 243807/SP, Primeira Turma, rel. Ministro Ilmar Galvão, DJ 28.04.2000)

> AGRAVO REGIMENTAL EM AGRAVO DE INSTRUMENTO. IMUNIDADE TRIBUTÁRIA. IMPOSTO SOBRE PRODUTOS INDUSTRIALIZADOS E IMPOSTO DE IMPORTAÇÃO. ENTIDADE DE ASSISTÊNCIA SOCIAL. A imunidade prevista no artigo 150, VI, "c" da Constituição Federal, em favor das instituições de assistência social, abrange o Imposto de Importação e o Imposto sobre Produtos Industrializados, que incidem sobre

bens a serem utilizados na prestação de seus serviços específicos. Agravo regimental a que se nega provimento. (AI-AgR nº 378454/SP, Segunda Turma, rel. Ministro Maurício Corrêa, DJ 29.11.2002).

9. Deve-se ressaltar que a jurisprudência do STF delimita a presente imunidade das entidades de assistência social no que tange ao II e ao IPI somente para as hipóteses nas quais os bens serão utilizados na prestação de seus serviços específicos. Nesse sentido, além dos dois julgados cujas ementas foram transcritas acima, da relatoria dos Ministros Ilmar Galvão e Maurício Corrêa, cite-se a seguinte decisão monocrática:

> (...) O acórdão recorrido encontra-se em conformidade com a jurisprudência deste Tribunal de que a imunidade prevista no artigo 150, IV, c, da Constituição, em favor das instituições de assistência social, só abrange o Imposto de Importação e o Imposto sobre Produtos Industrializados quando incidam sobre bens a serem utilizados na prestação de seus serviços específicos (v.g., RE 89.173, Moreira, RTJ 92/321; RE 89.590, Mayer, RTJ 91/1103; RE 243.807, 15.02.2000, 1ª T, Ilmar; e AI 378.454-AgR, 15.10.2002, 2ª T, Maurício). (...) (RE nº 473550/PR, rel. Ministro Sepúlveda Pertence, DJ 15.05.2006)

▶ **PARECER PGFN/CAT/Nº 735 /95**

> Muito embora o lançamento seja, nos termos do art. 142, do CTN, atividade privativa da autoridade administrativa, existem modalidades onde a atuação do particular é decisiva para sua elaboração. Este é o caso do lançamento por declaração e do chamado lançamento por homologação ou autolançamento. A exata qualificação da natureza do lançamento é importante para verificação do termo inicial de decadência do direito de constituir o crédito tributário. Por meio do lançamento é constituído o crédito tributário e passa e existir a pretensão do Estado de exigir o tributo.

> (...) O Imposto de Importação tem por fato gerador a entrada de mercadoria estrangeira no Território Nacional e incide sobre o seu valor quando a alíquota for ad valorem, ou sobre a quantidade no caso de alíquota específica. Toda mercadoria procedente do exterior, nos termos do art. 44 do Decreto-Lei nº 37/66, por qualquer via, destinada a consumo ou a outro regime, sujeita ou não ao pagamento do imposto, deverá ser submetida a despacho aduaneiro, que será processado com base em declaração. O despacho aduaneiro de importação é processado com base na Declaração de Importação – DI e, por ficção jurídica, considera-se ocorrido o fato gerador do imposto quando há o registro dessa Declaração na repartição aduaneira. Isto devido às dificuldades em se definir o momento exato da entrada da mercadoria no Território Nacional.

O Despacho Aduaneiro, conjunto de atos e formalidade necessárias no desembaraço de mercadoria procedente do exterior e destinada a consumo interno (IN 040/74), tem início no registro da DI. **Quando do registro da DI o importador já deve ter efetuado o recolhimento dos tributos devidos, sendo o DARF respectivo documento indispensável para a promoção do despacho**. Após o pagamento do tributo, assim como a entrega de toda documentação pertinente, é que ocorre a verificação, pela autoridade fazendária, do cumprimento das formalidades legais exigíveis no caso. Em conformidade com essa descrição, podemos concluir, primeiramente, ao contrário da conclusão expressa no Parecer retromencionado, que a modalidade de lançamento do Imposto de Importação está definida no art. 150 do CTN, ou seja, lançamento por homologação. (grifado pelo autor)

▶ **PARECER PGFN/CAT Nº 2137/2010**

Ementa: Imunidade. Templos de qualquer culto. Art. 150, VI, "b", da Carta Constitucional. Importação de pedras para construção do templo. Afastado o imposto de importação por estar a edificação do local de culto inserida no âmago da referida norma imunizante. Apreciação da matéria à luz da jurisprudência consolidada do STF. Análise do § 4o do art. 150 da CF (patrimônio, renda e serviços das entidades e finalidades essenciais das mesmas).

(...)

4. A questão, em tese, é a existência ou não do direito da Igreja à imunidade do imposto de importação na aquisição, no exterior, de pedras destinadas à construção de um templo.

5. Esclarecedora a ponderação dos E. AIRES F. BARRETO e PAULO AYRES BARRETO, *verbis*:

"Entre as questões tormentosas, no caso da imunidade de templos, está aquela em que a discussão é sobre se a imunidade é do templo ou se a imunidade é da instituição religiosa a que o templo pertence.

(...)

**Dizer que o templo é imune, contudo, não pode implicar o entendimento de que é o templo (enquanto coisa) o alvo da imunidade, porquanto é sabido que só pessoas podem integrar relações jurídico-tributárias. Assim, deve entender-se que o 'templo é imune' como: 'é vedado exigir imposto de instituições mantenedoras de templos'.**

Em outras palavras, como o templo, em si mesmo considerado, não pode pagar nenhum tributo (porque coisa não paga tributo), a imunidade é do templo, mas quem não pode ser alcançado pelo imposto é a entidade que o mantém. Seria ilógico, além de totalmente descabido, supor que um templo aufira renda, preste serviços ou seja proprietário do bem imóvel, que com esse nome se identifique.

(...)

É preciso cautela nessa matéria. **A imunidade do templo implica exoneração da entidade ao qual pertença, apenas e tão-só relativamente ao templo**". (grifos nossos)

6. Note-se que, aqui, há a premissa da existência regular da Igreja interessada e de que, destarte, o templo configura, na espécie, a compleição física da manifestação de determinada fé e o ponto de referência para os seus fiéis.

7. Explicita JOSÉ MANOEL DA SILVA:

> "*Templum*, *i*, compreende apenas o local ou o recinto em que se celebra o culto. (...) E aí vem à liça a etimologia de "culto", palavra que, vindo do hebraico, significa "servir". Dentro desse alcance o culto tem equivalência com "serviço", o que importa, na linguagem dicionarística, homenagem religiosa aos entes sobrenaturais, ou liturgia. Portanto, templo de qualquer culto não passa de local em que se realizam cerimônias religiosas. Tem, assim, a compreensão de um determinado ponto ou lugar destinado aos serviços de homenagem ao ente sobrenatural. Tanto é certo que os "templários" eram partícipes de uma Ordem que se entregava ao culto ou à vigilância dos locais sagrados. O templo assinala, desta forma, a edificação ou o marco em que os sacerdotes prestam culto ou celebram a liturgia em louvor da divindade. Daí se entender que o favor imunitório se dirige a templo de qualquer culto".

8. O E. ALIOMAR BALEEIRO, comentando o então art. 19 da Carta Constitucional de 1967 (Emenda Constitucional no 1/69), entende mais ampla a expressão templos de qualquer culto, *verbis*:

> "O 'templo de qualquer culto' não é apenas a materialidade do edifício, que estaria sujeito tão-só ao imposto predial do Município, se não existisse a franquia inserta na Lei Máxima. Um edifício só é templo se o completam as instalações ou pertenças adequadas àquele fim, ou se o utilizam efetivamente no culto ou prática religiosa.
>
> Destarte, 'templo', no art. 19, III, b, compreende o próprio culto e tudo quanto vincula o órgão à função".

9. Feitas estas considerações preliminares, é de ver que a análise do tema posto deve partir do preceito do art. 150, inciso VI, alínea "b" e seu § 4º, da Carta Constitucional, que é o arcabouço da imunidade suscitada, *verbis*:

> "**Art. 150. Sem prejuízo de outras garantias asseguradas ao contribuinte, é vedado à União, aos Estados, ao Distrito Federal e aos Municípios:**
>
> (...)
>
> **VI – instituir impostos sobre:**
>
> (...)
>
> **b) templos de qualquer culto;**
>
> (...)
>
> **§ 4º – As vedações expressas no inciso VI, alíneas "b" e "c", compreendem somente o patrimônio, a renda e os serviços, relacionados com as finalidades essenciais das entidades nelas mencionadas.**
>
> (...)". (grifos nossos)

10. Portanto, o que se extrai do preceito acima é que não pode a União instituir impostos sobre templos de qualquer culto e que tal vedação compreende o patrimônio, a renda e os serviços relacionados com as finalidades essenciais das entidades mencionadas, com a particularidade de que não se trata de "imunidade condicionada", ou seja, cuja fruição esteja jungida ao atendimento de requisitos previstos em lei.

11. Por sua vez, o art. 9º do Código Tributário Nacional reprisa o preceito constitucional, estatuindo, *in litteris*:

> "Art. 9º **É vedado à União**, aos Estados, ao Distrito Federal e aos Municípios:
>
> (...)
>
> IV – **cobrar imposto sobre**:
>
> (...)
>
> b) **templos de qualquer culto**;
>
> (...)
>
> § 1º O disposto no inciso IV não exclui a atribuição, por lei, às entidades nele referidas, da condição de responsáveis pelos tributos que lhes caiba reter na fonte, e não as dispensa da prática de atos, previstos em lei, asseguratórios do cumprimento de obrigações tributárias por terceiros.
>
> (...)". (grifos nossos)

12. Daí que, para uma apreciação sistematizada do tema, impõe demarcar questionamentos fundamentais ao deslinde da questão, a saber:

a) a aquisição de material para a construção do templo se subsume na cláusula de imunidade religiosa?

b) o imposto de importação pode, no caso, ser considerado "imposto sobre templos de qualquer culto", na dicção do preceito constitucional?

c) qual a extensão do preceito do art. 150, § 4º, do Texto Constitucional, quando preceitua que a vedação expressa no inciso VI, alínea "b", compreende somente o patrimônio, a renda e os serviços relacionados com as finalidades essenciais das entidades nela mencionada?

13. Prefacialmente, é fato que a imunidade religiosa diz respeito aos impostos e é justamente do imposto de importação que trata a questão.

14. Passo seguinte é verificar se, na aquisição de pedras no exterior para a construção de templo – ocorrendo, em tese, o fato gerador do imposto de importação –, pode-se dizer que existe tributo "sobre o templo", a atrair a cláusula de imunidade religiosa insculpida no art. 150, inciso VI, alínea "b", da Constituição da República.

15. Pertinente, aqui, a lição do E. PONTES DE MIRANDA, ao comentar a imunidade religiosa então prevista na Carta Constitucional de 1967 (Emenda Constitucional no 1/69):

> "11) Templos – Ficaram imunes a impostos os *templos de qualquer culto*; (...). O templo é que é imune; **portanto, os atos de aquisição**, não os de alienação do terreno, ou casa, ou móveis. A imunidade tributária dos *templos* é conteúdo de uma só proposição do art. 19, III, b), da Constituição de 1967. Portanto, templo não paga imposto predial, nem territorial, nem de licença nem outro qualquer. (...) Os atos do culto estão incluídos na expressão 'templo'.(...)". (grifos nossos)

16. Dessume-se do entendimento do E. PONTES DE MIRANDA que são imunes os atos de aquisição de terreno, casa e móveis destinados ao templo. Nesta linha, não há como excluir a construção do próprio templo desta regra imunizante, já que a aquisição do terreno do templo pressupõe sua edificação.

17. E aqui se deve atentar para o espírito da norma, como alertou o E. Ministro GARCIA VIEIRA, da Primeira Turma do C. Superior Tribunal de Justiça, E. Relator do Recurso Especial no 380506/RS (DJU 08.04.2002), *verbis*:

> "A melhor exegese, ensinam todos os estudiosos do Direito, não é a que se apega à restrita letra fria da lei, mas a que seja fiel ao

espírito da norma a ser aplicada, dando-lhe um sentido construtivo que venha a atender aos verdadeiros interesses e reclames sociais, bem como corresponda às necessidades da realidade presente. Daí porque CARLOS MAXIMILIANO, em oportuno ensinamento, observa que 'o hermeneuta sempre terá em vista o fim da lei, o resultado que a mesma precisa atingir em sua atuação prática. A norma enfeixa um conjunto de providências, protetoras, julgados necessários para satisfazer certas exigências econômicas e sociais; será interpretada do modo que melhor corresponde àquela finalidade e assegure plenamente a tutela de interesse para a qual foi regida' (In Hermenêutica e Aplicação do Direito, 3 ed. pg. 193)".

18. Das considerações postas se extrai a inequívoca conclusão de que a regra imunizante não tem por premissa o templo construído, mas abarca, também, a sua edificação, já que isto é mais compatível com a garantia constitucional art. 5º, inciso VI, do Texto Constitucional. Recorra-se aos E. AIRES F. BARRETO e PAULO AYRES BARRETO:

> "A imunidade dos 'templos de qualquer culto' (art. 150, inciso VI, 'b') é reafirmação explícita do princípio da liberdade de crença e da prática de cultos religiosos (art. 5o, inciso VI, da C.F.). A proteção ao direito individual da liberdade de crença e das práticas religiosas é assegurada pela vedação de exigência de impostos sobre os templos. **Proibindo a exigência de impostos sobre o templo, de qualquer culto, a Constituição confere maior garantia a esse direito individual, impedindo sejam opostos, pelo Estado, obstáculos, de ordem econômico-financeira, ao exercício desse direito individual. Com isso, quer impedir toda e qualquer possibilidade de embaraço à liberdade de religião, mesmo que oblíquo ou indireto**. Nenhuma ingerência do Estado é tolerada pelo Texto Supremo, nesse passo complementando o peremptório prescrito no art. 19, I, que veda às pessoas políticas 'estabelecer cultos religiosos ou igrejas, subvencioná-los, embaraçar-lhes o funcionamento ou manter com eles ou seus representantes relações de dependência ou aliança ...'.
>
> Essa imunidade, enfim, revela o desígnio do constituinte de dar a mais ampla garantia ao preceituado no artigo 5º, inciso VI, que assegura a inviolabilidade dos direitos à liberdade, (...)". (grifos nossos)

19. Não é razoável supor, dentro da garantia constitucional acima citada, que a aquisição do terreno para construção do templo está no âmbito da imunidade religiosa e a própria edificação deste local de culto aí não se insere.

20. Destarte, não há como excluir a aquisição de material para a construção de templo da cláusula de imunidade religiosa.

21. De fato, a imunidade reconhecida aos templos de qualquer culto é clara e direta e não há fundamentos hábeis e razoáveis a infirmar seu império quando se trata da construção do templo.

22. A questão seguinte é a pertinência do imposto de importação nesta seara, eis que, como visto, as pedras destinadas à construção do templo serão importadas pela Igreja. Este, no caso, é o ponto mais controvertido.

23. A propósito, mencione-se o Parecer PGFN/CAT no 1483/2001, segundo o qual "a imunidade dos templos de qualquer culto, prevista na alínea "b" do inciso VI do art. 150 da Constituição Federal, combinado com o § 4o do mesmo artigo, inclui os impostos de importação e sobre produtos industrializados, quando da entrada no País de bens vinculados às finalidades essenciais da respectiva entidade religiosa".

24. O fato é que nada se encontra na jurisprudência do Pretório Excelso especificamente quanto aos templos e também não é tema enfrentado pela maior parte da doutrina pátria.

25. No entanto, partindo de decisões reiteradas do Supremo Tribunal Federal – que é o intérprete maior da Carta Constitucional –, em questões tangenciais à presente, pode-se chegar ao deslinde da matéria.

26. Inicialmente, constata-se que a Corte vem adotando bastante amplitude na análise dos preceitos imunizantes da Constituição.

27. O E. Ministro SEPÚLVEDA PERTENCE, nos autos do Recurso Extraordinário no 237.718/SP (DJ 06.09.2001) pontificou que a jurisprudência do Supremo Tribunal Federal está "decisivamente inclinada à interpretação teleológica das normas de imunidade tributária, de modo a maximizar-lhes o potencial de efetividade, como garantia ou estímulo à concretização dos valores constitucionais que inspiram limitações ao poder de tributar".

28. Ademais, a E. Corte já fixou jurisprudência no sentido de que não há invocar, para o fim de ser restringida a aplicação da imunidade, critérios de classificação dos impostos adotados por normas infraconstitucionais".

29. Reafirmando tal posição, o Supremo Tribunal Federal vem incluindo todos os impostos no âmbito da imunidade, independentemente de comandos restritivos do próprio Texto Constitucional.

30. Neste sentido, é indicativa a orientação adotada por esta Corte no tocante aos impostos de importação e sobre produtos industrializados

relativamente à imunidade das instituições de assistência social sem fins lucrativos.

31. Relembre-se que, diferentemente da imunidade religiosa – que de forma extensiva abrange "templos de qualquer culto" (CF, art. 150, VI, "b") –, o preceito do art. 150, inciso VI, alínea "c", do Texto Constitucional veda a instituição de impostos sobre patrimônio, renda ou serviços das instituições de educação e de assistência social, sem fins lucrativos, atendidos os requisitos da lei.

      (...)

33. Vê-se que o Supremo Tribunal Federal entendeu que a imunidade a que fazem jus as entidades de assistência social sem fins lucrativos abrange os impostos de importação e sobre produtos industrializados, não obstante, reprise-se, o preceito constitucional vede a instituição de impostos sobre o patrimônio, a renda ou os serviços destas entidades, o que, a rigor, restringe o âmbito dos impostos vedados pela norma imunizante.

34. No artigo 150, inciso VI, alínea "b", da Constituição Federal, a imunidade foi mais ampla, pois veda a instituição de impostos sobre templos de qualquer culto e, assim, não há a restrição do preceptivo anterior, ou seja, não circunscreve a vedação de impostos ao patrimônio, à renda ou aos serviços das entidades.

35. Se a Corte Suprema entendeu que se qualificam como impostos sobre o patrimônio, a renda ou os serviços os impostos de importação e sobre produtos industrializados e os incluiu na imunidade prevista no artigo 150, inciso VI, alínea "c", da Carta Constitucional, com mais razão tais impostos têm pertinência na seara da imunidade religiosa.

37. Assim, não se vislumbra qualquer limitação ou restrição quanto à abrangência do imposto de importação pela imunidade religiosa de que ora se trata, do ponto de vista do Supremo Tribunal Federal, que é o guardião da Constituição e, portanto, quem define o alcance dos seus preceitos.

## 9. QUESTÕES OBJETIVAS

**1. (ESAF – Auditor-Fiscal– RFB/2014)** Sobre os regimes aduaneiros no Brasil, é incorreto afirmar que:

a) na Admissão Temporária de máquinas e equipamentos para utilização econômica, sob a forma de arrendamento operacional, aluguel ou empréstimo, ocorre suspensão parcial de tributos e pagamento proporcional ao tempo de permanência no País.

b) a extinção do regime de admissão temporária pode ocorrer com a destruição do bem, às expensas do interessado.

c) nos portos secos, a execução das operações e a prestação dos serviços conexos serão efetivadas mediante o regime de permissão, salvo quando os serviços devam ser prestados em porto seco instalado em imóvel pertencente à União, caso em que será adotado o regime de concessão precedido da execução de obra pública.

d) o regime especial de entreposto aduaneiro na importação é o que permite a armazenagem de mercadoria estrangeira em recinto alfandegado de uso público, com suspensão do pagamento dos impostos federais, mas com incidência da contribuição para o PIS/PASEP-Importação e da COFINS-Importação.

e) o regime de exportação temporária para aperfeiçoamento passivo é o que permite a saída, do País, por tempo determinado, de mercadoria nacional ou nacionalizada, para ser submetida a operação de transformação, elaboração, beneficiamento ou montagem, no exterior, e a posterior reimportação, sob a forma do produto resultante, com pagamento dos tributos sobre o valor agregado.

**2. (ESAF – Auditor-Fiscal– RFB/2014)** Ao considerar o controle administrativo da Receita Federal do Brasil sobre importações, assinale a opção <u>incorreta</u>.

a) Toda mercadoria submetida a despacho de importação está sujeita ao controle do correspondente valor aduaneiro, que deve considerar inclusive o Acordo de Valoração Aduaneira da OMC.

b) No valor aduaneiro não serão incluídos os custos de transporte e seguro, desde que estejam destacados do preço efetivamente pago ou a pagar pelas mercadorias importadas, na respectiva documentação comprobatória.

c) A utilização do método do valor de transação nas operações comerciais entre pessoas vinculadas somente será permitida quando a vinculação não tiver influenciado o preço efetivamente pago ou a pagar pelas mercadorias importadas.

d) A determinação do valor aduaneiro, mediante a aplicação do método previsto no artigo 7 do Acordo de Valoração Aduaneira, poderá ser realizada com base em avaliação pericial, desde que fundamentada em dados objetivos e quantificáveis e observado o princípio da razoabilidade.

e) Os encargos relativos a assistência técnica da mercadoria importada, executadas após a importação, ainda que destacados, serão incluídos no valor aduaneiro.

**3. (ESAF – Auditor-Fiscal– RFB/2014)** Acerca da base de cálculo do Imposto de Importação, Valoração Aduaneira e Regime de Tributação Unificada, analise os itens a seguir e, em seguida, assinale a opção correta.

I. Toda mercadoria submetida a despacho de importação está sujeita ao controle do correspondente valor aduaneiro. Esse controle consiste na verificação da conformidade do valor aduaneiro declarado pelo importador com as regras estabelecidas no Acordo de Valoração Aduaneira. Integram o valor aduaneiro, independentemente do método de valoração utilizado, o custo de transporte da mercadoria importada até o porto ou o aeroporto alfandegado de descarga ou o ponto de fronteira alfandegado onde devam ser cumpridas as formalidades de entrada no território aduaneiro. Também integram o aludido valor aduaneiro os gastos relativos à carga, à descarga e ao manuseio, associados ao transporte da mercadoria importada, até a chegada aos locais acima referidos.

II. O Acordo de Valoração Aduaneira indica seis métodos para o procedimento de valoração aduaneira, cuja utilização deve ser sequencial e por exclusão. Assim, não sendo possível a determinação do valor aduaneiro pelo método do valor de transação ajustado, deve-se passar para o método do valor de transação de produtos similares.

III. Segundo o Artigo IV do Acordo de Valoração Aduaneira, poderá ser invertida a ordem dos métodos previstos nos Artigos 5 (método dedutivo) e 6 (método computado) do aludido Acordo, a pedido do importador. No entanto, países em desenvolvimento podem condicionar essa inversão à aquiescência das autoridades aduaneiras, sendo que o Brasil não teve interesse em fazer a mencionada reserva.

IV. No Regime de Tributação Unificada, é vedada a inclusão de quaisquer mercadorias que não sejam destinadas ao consumidor final.

a) Estão corretos somente os itens I, II e III.

b) Estão corretos somente os itens I, II e IV.

c) Estão corretos somente os itens I e IV.

d) Estão corretos somente os itens II e IV.

e) Todos os itens estão corretos.

**4. (ESAF – Auditor-Fiscal– RFB/2014)** Sobre o Imposto de Importação, é incorreto afirmar:

a) não se considera estrangeira, para fins de incidência do imposto, a mercadoria nacional ou nacionalizada exportada, que retorne ao País por motivo de modificações na sistemática de importação por parte do país importador.

b) o imposto não incide sobre mercadoria estrangeira destruída, sob controle aduaneiro, sem ônus para a Fazenda Nacional, antes de desembaraçada.

c) para efeito de cálculo do imposto, considera-se ocorrido o fato gerador no dia do lançamento do correspondente crédito tributário, quando se tratar de bens compreendidos no conceito de bagagem, acompanhada ou desacompanhada.

d) para efeito de cálculo do imposto, considera-se ocorrido o fato gerador na data do registro da declaração de importação de mercadoria constante de manifesto ou de outras declarações de efeito equivalente, cujo extravio ou avaria tenha sido apurado pela autoridade aduaneira.

e) caberá restituição total ou parcial do imposto pago indevidamente, a qual poderá ser processada de ofício, nos casos de verificação de extravio ou de avaria.

**5. (ESAF – Auditor-Fiscal– RFB/2014)** Sobre a extrafiscalidade, julgue os itens a seguir, classificando-os como certos ou errados. Em seguida, assinale a opção correta.

I. Na medida em que se pode, através do manejo das alíquotas do imposto de importação, onerar mais ou menos o ingresso de mercadorias estrangeiras no território nacional, até o ponto de inviabilizar economicamente determinadas operações, revela-se o potencial de tal instrumento tributário na condução e no controle do comércio exterior.

II. Por meio da tributação extrafiscal, não pode o Estado intervir sobre o domínio econômico, manipulando ou orientando o comportamento dos destinatários da norma a fim de que adotem condutas condizentes com os objetivos estatais.

III. A extrafiscalidade em sentido próprio engloba as normas jurídico-fiscais de tributação (impostos e agravamento de impostos) e de não tributação (benefícios fiscais).

IV. Não existe, porém, entidade tributária que se possa dizer pura, no sentido de realizar tão somente a fiscalidade ou a extrafiscalidade. Os dois objetivos convivem, harmônicos, na mesma figura impositiva, sendo apenas lícito verificar que, por vezes, um predomina sobre o outro.

a) Apenas I, II e IV estão corretas.

b) Apenas I e IV estão corretas.

c) Apenas II e IV estão corretas.

d) Apenas I, III e IV estão corretas.

e) Todas as alternativas estão corretas.

**6. (ESAF – Auditor-Fiscal– RFB/2012)** A Constituição Federal de 1988 veda aos entes tributantes instituir tratamento desigual entre contribuintes que se encontrem em situação equivalente, proibida qualquer distinção em razão de ocupação profissional ou função por eles exercida, independentemente da denominação jurídica dos rendimentos, títulos ou direitos. Considerando decisões emanadas do STF sobre o tema, assinale a opção incorreta.

a) A exclusão do arrendamento mercantil do campo de aplicação do regime de admissão temporária não constitui violação ao princípio da isonomia tributária.

b) A progressividade da alíquota, que resulta do rateio do custo da iluminação pública entre os consumidores de energia elétrica, não afronta o princípio da isonomia.

c) A sobrecarga imposta aos bancos comerciais e às entidades financeiras, no tocante à contribuição previdenciária sobre a folha de salários, fere o princípio da isonomia tributária.

d) Lei complementar estadual que isenta os membros do Ministério Público do pagamento de custas judiciais, notariais, cartorárias e quaisquer taxas ou emolumentos fere o princípio da isonomia.

e) Não há ofensa ao princípio da isonomia tributária se a lei, por motivos extrafiscais, imprime tratamento desigual a microempresas e empresas de pequeno porte de capacidade contributiva distinta, afastando do regime do simples aquelas cujos sócios têm condição de disputar o mercado de trabalho sem assistência do Estado.

**7. (FMP – Procurador do Estado – AC/ 2012)** Assinale a alternativa **incorreta.**

A) O IPI (Imposto sobre Produtos Industrializados) não está sujeito ao princípio da anterioridade tributária anual, mas se submete ao princípio da anterioridade tributária nonagesimal.

B) O IOF (Imposto sobre operações de Crédito, Câmbio, Seguro, Títulos e Valores Mobiliários) pode, nos limites da lei, ter suas alíquotas alteradas por ato do Poder Executivo.

C) O IR (Imposto sobre a Renda e Proventos de qualquer natureza) está sujeito ao princípio da anterioridade tributária anual, mas não se submete ao princípio da anterioridade tributária nonagesimal.

D) O II (Imposto sobre a Importação) é de competência da União Federal, mas poderá, nas hipóteses previstas na Constituição Federal, ser cobrado e fiscalizado pelos Estados-membros que se situam nas fronteiras do território nacional.

**8. (ESAF – Auditor-Fiscal– RFB/2009)** Com relação ao imposto sobre importação de produtos estrangeiros, assinale a opção incorreta.

a) Somente se deve considerar entrada e importada aquela mercadoria estrangeira que ingressa no território nacional para uso comercial ou industrial e consumo, não aquela em trânsito, destinada a outro país.

b) A Constituição Federal outorga à União a competência para instituí--lo, vale dizer, concede a este ente político a possibilidade de instituir imposto sobre a entrada no território nacional, para incorporação à economia interna, de bem destinado ou não ao comércio, produzido pela natureza ou pela ação humana, fora do território nacional.

c) A simples entrada em território nacional de um quadro para exposição temporária num museu ou de uma máquina para exposição em feira, destinados a retornar ao país de origem, não configuram importação, e, por conseguinte não constituem fato gerador.

d) Terá suas alíquotas graduadas de acordo com o grau de essencialidade do produto, de modo a se tributar com alíquotas mais elevadas os produtos considerados supérfluos, e com alíquotas inferiores os produtos tidos como essenciais.

e) Possui caráter nitidamente extrafiscal, tanto que a Constituição Federal faculta ao Poder Executivo, atendidas as condições e os limites estabelecidos em lei, alterar suas alíquotas, já que sua arrecadação não possui objetivo exclusivo de abastecer os cofres públicos, mas também a conjugação de outros interesses que interferem no direcionamento da atividade impositiva – políticos, sociais e econômicos, por exemplo.

| GABARITO | | | | | | | |
|---|---|---|---|---|---|---|---|
| 1 – D | 2 – E | 3 – C | 4 – D | 5 – D | 6 – C | 7 – D | 8 – D |

## 10. REVISÃO DO CAPÍTULO – PERGUNTAS E RESPOSTAS

▶ **Pergunta-se: existe diferença entre os conceitos de mercadoria e produto? Caso positiva a resposta, qual deles prevalece para fins de definição do fato gerador do II?**

De fato, há diferença entre esses dois conceitos. Como mercadoria é conceito mais restrito do que produto (aquela diz respeito apenas aos objetos destinados ao comércio, enquanto este é todo bem material resultado de um processo produtivo), o DL 37/66 não teve o efeito de alterar o fato gerador do imposto, pois não poderia modificar o conceito constitucional utilizado para definir o fato gerador do II. Desse modo, mesmo os produtos estrangeiros, ainda que não sejam objeto de mercancia, são suficientes para a identificar o critério material do fato gerador do II.

Em outras palavras, o conceito de produto é o que deve ser utilizado para definição do fato gerador do II.

▶ **Pergunta-se: o que seria entrada ficta ou presumida? Ela também seria suficiente para a ocorrência do fato gerador do II?**

A entrada ficta ou presumida ocorre quando a fiscalização aduaneira verificar que determinada mercadoria discriminada como importada na declaração do importador não estiver entre as desembaraçadas. Nesse caso, considera-se que houve entrada da mercadoria, mesmo que ela não tenha sido localizada fisicamente. Tem-se aí a entrada ficta ou presumida.

Não só a entrada real é considerada fato gerador do II, mas também a entrada ficta ou presumida, de acordo com a previsão do art. 1º, § 2º do DL 37/66: "Para efeito de ocorrência do fato gerador, considerar-se-á entrada no Território Nacional a mercadoria que constar como tendo sido importada e cuja falta venha a ser apurada pela autoridade aduaneira".

▶ **Pergunta-se: a declaração de importação teria o condão de caracterizar o lançamento do II como por declaração?**

A resposta é negativa.

A doutrina majoritária entende que o II tem seu lançamento realizado por homologação, uma vez que a legislação tributária impõe a antecipação do pagamento do tributo, sem o prévio exame da autoridade administrativa, nos termos do art. 150, *caput*, do CTN.

# Capítulo 3
# IMPOSTO SOBRE A EXPORTAÇÃO

**SUMÁRIO** • 1. Noções gerais e características; 2. Fato gerador; 3. Contribuinte; 4. Base de cálculo e alíquotas; 5. Lançamento; 6. FOB e CIF; 7. Questões objetivas; 8. Revisão do capítulo – Perguntas e respostas.

## 1. NOÇÕES GERAIS E CARACTERÍSTICAS

O imposto sobre exportação (IE) está previsto no art. 153, II da CF como um imposto da União, e assim como o II, também possui a importante função **extrafiscal** ou regulatória de influenciar nas transações de comércio exterior. Uma política econômica de proteção à produção nacional implica na inexigência do IE, reduzindo os custos da exportação dos produtos brasileiros.

Por isso, possui a mesma disciplina constitucional quanto à não sujeição à estrita legalidade (uma vez que pode ter suas alíquotas alteradas por decreto, conforme autorização do art. 153, § 1º da CF) e à não sujeição à anterioridade anual e nonagesimal.

▶ **A alteração das alíquotas por decreto é atribuição exclusiva do Presidente da República ou poderia ser feita por órgão do Poder Executivo?**

A possibilidade de o Poder Executivo alterar as alíquotas do IE não necessariamente será exercida pelo Presidente da República. O STF tem o entendimento de que é constitucional a norma infraconstitucional que atribui a órgão integrante do Poder Executivo da União (Câmara de Comércio Exterior – CAMEX) a faculdade de estabelecer as alíquotas do IE, não havendo que se falar em competência privativa do Presidente da República (STF, RE 570.680, Rel. Min. Ricardo Lewandowski, Pleno).

> ▶ **ATENÇÃO!!!!**
>
> **Esse entendimento do STF já foi cobrado no concurso de Defensor Público Federal em 2010, na seguinte assertiva, considerada correta pelo CESPE:**
>
> ✓ **"A competência para a fixação das alíquotas do imposto de exportação de produtos nacionais ou nacionalizados não é exclusiva do Presidente da República; pode ser exercida por órgão que integre a estrutura do Poder Executivo".**

O Poder Executivo deve motivar a alteração das alíquotas do IE, não podendo o Judiciário intervir no mérito da decisão se não houver teratologia que evidencia a nulidade do ato (STJ, REsp 614.890, Rel. Min. Herman Benjamin, 2ª Turma, julgado em 02/04/2009).

Tem-se aqui uma aplicação do **princípio da separação dos poderes**, pois a alteração de alíquotas do IE pelo Poder Executivo deve pautar-se no juízo de conveniência e oportunidade (mérito administrativo) do administrador público. Eventual acerto ou desacerto das decisões do Poder Executivo na condução do comércio exterior estão sujeitas à responsabilização política, sendo as censurar aplicadas pelo eleitorado.

## 2. FATO GERADOR

O fato gerador do IE é a saída, do território nacional para o estrangeiro, de produtos **nacionais ou nacionalizados** (CTN, art. 23). A definição de produtos nacionalizados está contida no art. 212, § 1º do Decreto 6.759/2009 (Regulamento Aduaneiro): "Considera-se nacionalizada a mercadoria estrangeira importada a título definitivo".

Assim como no II, no IE também o conceito de produto deve prevalecer, em detrimento do conceito de mercadoria, para fins de definição do fato gerador. Consoante Aliomar Baleeiro:

> "O fato gerador não é o negócio jurídico da compra e venda do exportador para o estrangeiro, mas o fato material da saída de produto nacional, ou nacionalizado, para outro país, qualquer que seja o objetivo de quem o remeta. Pouco importa que se trate de doação ou de mercadoria do remetente, acompanhando-o, ou a preposto seu, para fora do país, ressalvados os casos de efeitos pessoais, bagagens etc., nos termos da lei." (BALEEIRO, 2015, p. 295)

A tributação da saída de produtos do Brasil é possível, em contraposição à saída de um Estado da Federação para outro (CF art. 150, V, que veda os tributos interestaduais e intermunicipais limitadores do tráfego de pessoas ou bens).

Também no IE existe a ideia de **admissão temporária**, presente no II como um impeditivo à tributação. Ou seja, só será cobrado o IE quando o produto nacional ou nacionalizado ingressar em outro país em caráter definitivo.

▶ **Quando se considera ocorrido o fato gerador do IE?**

Para se compreender o **elemento temporal do IE**, deve-se recorrer, primeiramente, ao art. 213, parágrafo único do Decreto 6.759/2009, segundo o qual considera-se ocorrido o fato gerador do IE na **data do registro de exportação** no Sistema Integrado de Comércio Exterior (SISCOMEX).

A expedição da guia de exportação não é fato gerador do tributo. É simplesmente o momento em que se considera, para fins de cobrança do imposto, exteriorizado o fato exportação (MACHADO, 2005, p. 309).

Não interessa, portanto, a data da saída do produto do território nacional ou a data do registro do negócio jurídico. O registro da venda no SISCOMEX não é ato equiparado à guia de exportação (STF, RE 235.858, Rel. Min. Ilmar Galvão, 1ª Turma, DJ 13.12.2002), para o efeito de fixar o marco temporal do fato gerador, e consequentemente determinar a legislação aplicável (CTN, art. 144, *caput*). Somente o Registro de Exportação corresponde e se equipara à Guia de Exportação (STF, AI 578.372 Ag, Rel. Min. Ellen Gracie, 2ª Turma).

> ▶ **ATENÇÃO!!!!**
>
> **O STJ, inicialmente, esposou entendimento de que o fato gerador do IE ocorre com o registro da venda no Siscomex. Posteriormente, contudo, considerou o registro de exportação no Siscomex como o marco temporal do fato gerador do IE:**
>
> > "A jurisprudência desta Casa é firme na orientação de que o fato gerador do imposto de exportação sobre o açúcar é contado do registro de vendas no SISCOMEX e, sendo este anterior à entrada em vigor da Resolução do BACEN nº 2.112/94, esta não pode onerar o ato jurídico celebrado sob a égide da legislação anterior" (STJ, AgRg no AgRg no REsp 365.882, Rel. Min. José Delgado, 1ª Turma, julgado em abril de 2007, grifado pelo autor).
> >
> > "O fato gerador do imposto de exportação sobre o açúcar ocorre com o registro de vendas no Siscomex e, verificando-se este

durante a vigência da resolução que majorou a alíquota do imposto (Resolução do Banco Central n. 2.163/95), esta deve ser aplicada" (STJ, REsp 382.494, Rel. Min. João Otávio Noronha, 2ª Turma, julgado em fevereiro de 2006).

**"Considera-se ocorrido o fato gerador do imposto de exportação no momento em que é efetivado o registro de exportação (RE) no Sistema Integrado de Comércio Exterior (Siscomex), ou seja, no momento em que a empresa obtém o RE. Portanto o registro de exportação é o único registro indispensável para a efetivação de todas as operações de comércio, pouco importando as considerações sobre a data da obtenção do registro de venda**." (STJ, REsp 964.151, Rel. Min. José Delgado, 1ª Turma, julgado em 22/04/2008, grifado pelo autor).

## 3. CONTRIBUINTE

Contribuinte do IE é o exportador ou quem a lei a ele equiparar (CTN, art. 27).

O Decreto-lei 1.578/77, em seu art. 5º, e o Decreto 6.759/2009, em seu art. 217, definem como contribuinte do IE o exportador, assim considerado qualquer pessoa que promova a saída do produto do território aduaneiro.

O legislador ordinário pode livremente escolher o contribuinte desse imposto. É claro, porém, que esse sujeito passivo, para assumir a condição de contribuinte, há de ter relação pessoal e direta com o fato gerador do tributo, por força do que estabelece o art. 121, parágrafo único, do CTN. A lei não pode, portanto, equiparar ao exportador pessoa sem qualquer relação com a exportação (MACHADO, 2005, p. 311).

▶ **O exportador deve ser comerciante habitual para que seja considerado sujeito passivo do IE?**

Não. O exportador pode ser pessoa física ou jurídica, comerciante ou não, pouco importando a frequência com que realiza a exportação, ou ainda a presença de intuito lucrativo. Para a definição do sujeito passivo do IE não se indaga sobre qualquer característica pessoal daquele que promove a exportação.

## 4. BASE DE CÁLCULO E ALÍQUOTAS

A base de cálculo do IE pode ser, de acordo com o art. 24 do CTN, a **unidade de medida** adotada pela lei tributária, quando a alíquota for específica (CTN, art. 24, I); o **preço normal** que o produto, ou seu similar, alcançaria, ao tempo da exportação, em uma venda em condições de livre concorrência (CTN, art. 24, II). O parágrafo único do art. 24 considera, para efeitos do inciso II (preço normal do produto), a entrega como efetuada no porto ou lugar da saída do produto, deduzidos os tributos diretamente incidentes sobre a operação de exportação e, nas vendas efetuadas a prazo superior aos correntes no mercado internacional, o custo do financiamento.

Da mesma forma que ocorre no II, a base de cálculo pode ser uma unidade de medida (que pode ser peso, volume, metragem, ou quantidade) em combinação com uma **alíquota específica**, expressa em um valor monetário fixo. Por exemplo, a base de cálculo do IE pode ser um quilo de bacalhau, e a alíquota um real. Ou ainda termos uma base de cálculo de um metro de seda, e a alíquota dois reais. Para se chegar ao montante devido de IE, basta multiplicar a alíquota pela base de cálculo.

Quando a base de cálculo é o preço normal que o produto ou seu similar alcançaria ao tempo da exportação, a **alíquota será *ad valorem***, o que significa um percentual a ser aplicado no valor do produto importado. Para apuração dessa base de cálculo, quando o preço da mercadoria for de difícil apuração ou for suscetível de oscilações bruscas no mercado internacional, a Câmara de Comércio Exterior fixará critérios específicos ou estabelecerá pauta de valor mínimo (Decreto 6.759/2009, art. 214, § 1º).

Relembre-se aqui que o art. 153, § 1º da CF apenas permite a alteração de alíquotas por ato infralegal, não tendo sido recepcionado o art. 26 do CTN quanto à possibilidade de alteração de base de cálculo pelo Poder Executivo.

## 5. LANÇAMENTO

Da mesma forma que o II, o IE tem seu lançamento realizado por homologação, uma vez que a legislação tributária impõe a antecipação do pagamento do tributo, sem o prévio exame da autoridade administrativa, nos termos do art. 150, *caput*, do CTN. O exportador, ao registrar a declaração de exportação no SISCOMEX, deve apresentar a guia de pagamento do tributo já adimplida.

Registre-se aqui também a existência de doutrina no sentido de que esse imposto é lançado por declaração.

## 6. FOB E CIF

*Free on Board* (FOB) e *Cost, Insurance and Freight* (CIF) são modalidades opostas de composição do preço do produto exportado.

O FOB representa o preço da mercadoria exportada livre de qualquer custo referente ao transporte ou seguro, assumindo o importador/comprador os riscos da coisa a partir de seu embarque. O FOB é previsto no art. 2º, § 1º do DL 1.578/77, segundo o qual o preço à vista do produto, FOB ou posto na fronteira, é indicativo do preço normal.

Já o CIF é o preço do produto exportado composto pelos custos de seguro e frete, responsabilizando-se o exportador pelos riscos e pelo frete internacional até a chegada da mercadoria a seu destino.

## 7. QUESTÕES OBJETIVAS

**1. (PUC – Procurador do Município – Prefeitura Curitiba-PR/2007)** Sobre as limitações do poder de tributar assinale a alternativa correta:

A) A Constituição prevê o princípio da legalidade ao estabelecer não ser possível cobrar tributos no mesmo exercício financeiro em que haja sido publicada a lei que os instituiu ou aumentou.

B) A Constituição prevê o princípio da anterioridade tributária ao estabelecer que não é possível cobrar tributos em relação a fatos geradores ocorridos antes do início da vigência da lei que os houver instituído ou aumentado.

C) O princípio da anterioridade tributária não se aplica ao imposto de exportação, mas se aplica ao imposto sobre a renda.

D) Somente os Estados-membros podem instituir tributos sobre templos de cultos, e desde que respeitem os princípios da legalidade tributária, da anterioridade e da igualdade.

E) Os serviços vinculados às atividades essenciais de autarquia Estadual estão sujeitos à incidência de imposto sobre serviços instituído pelo Município.

| GABARITO |
|---|
| 1 – C |

## 8. REVISÃO DO CAPÍTULO – PERGUNTAS E RESPOSTAS

▶ **Pergunta-se: a alteração das alíquotas por decreto é atribuição exclusiva do Presidente da República ou poderia ser feita por órgão do Poder Executivo?**

A possibilidade de o Poder Executivo alterar as alíquotas do IE não necessariamente será exercida pelo Presidente da República. O STF tem o entendimento de que é constitucional a norma infraconstitucional que atribui a órgão integrante do Poder Executivo da União (Câmara de Comércio Exterior – CAMEX) a faculdade de estabelecer as alíquotas do IE, não havendo que se falar em competência privativa do Presidente da República (STF, RE 570.680, Rel. Min. Ricardo Lewandowski, Pleno).

▶ **Pergunta-se: quando se considera ocorrido o fato gerador do IE?**

Para se compreender o **elemento temporal do IE**, deve-se recorrer, primeiramente, ao art. 213, parágrafo único do Decreto 6.759/2009, segundo o qual considera-se ocorrido o fato gerador do IE na **data do registro de exportação** no Sistema Integrado de Comércio Exterior (SISCOMEX).

▶ **Pergunta-se: o exportador deve ser comerciante habitual para que seja considerado sujeito passivo do IE?**

Não. O exportador pode ser pessoa física ou jurídica, comerciante ou não, pouco importando a frequência com que realiza a exportação, ou ainda a presença de intuito lucrativo. Para a definição do sujeito passivo do IE não se indaga sobre qualquer característica pessoal daquele que promove a exportação.

# Capítulo 4
# IMPOSTO SOBRE A RENDA

**SUMÁRIO** · 1. Noções gerais e características; 2. Fato gerador; 3. Contribuinte; 4. Base de cálculo e alíquotas; 5. Lançamento; 6. A tributação em bases universais e as empresas controladas e coligadas no exterior; 7. Preços de transferência e princípio do não favoritismo (*arm's lenght*); 8. A não incidência do IR sobre indenizações; 9. Tributação dos rendimentos acumulados; 10. Orientações da PGFN; 10. Súmulas do CARF; 11. Questões objetivas; 12. Questão discursiva; 13. Revisão do capítulo – Perguntas e respostas.

## 1. NOÇÕES GERAIS E CARACTERÍSTICAS

O imposto sobre a **renda e proventos** de qualquer natureza, ou imposto de renda (IR) é previsto no art. 153, III da CF como um imposto de competência da União.

Possui função preponderantemente **fiscal**, pois destina-se principalmente a carrear recursos para os cofres públicos.

▶ **Apesar de o IR ser tido pela doutrina como um imposto fiscal por excelência, é possível considerar que ele também pode possuir uma função extrafiscal?**

Sim. Por mais que o IR seja classificado como um tributo fiscal, ainda assim, não deixa de ter uma feição extrafiscal, na medida que a arrecadação feita dos mais abastados, que se sujeitam às maiores alíquotas, deve, ao menos em tese, beneficiar aqueles que não são sequer tributados, por se encontrarem na faixa de isenção. Ainda que a maior função do IR seja arrecadatória, não é menos verdade que também funciona como um instrumento de distribuição de renda.

Como já decidiu o STJ,

> "qualquer imposto, direto ou indireto, pode, em maior ou menor grau, ser utilizado para atingir fim que não se resuma à arrecadação de recursos para o cofre do Estado. **Ainda que o Imposto de Renda**

se caracterize como um **tributo direto, com objetivo preponderantemente fiscal, pode o legislador dele se utilizar para a obtenção de uma finalidade extrafiscal.**" (STJ, REsp 951.251, Rel. Min. Castro Meira, 1ª Seção, DJe 03.06.2009).

▶ **Qual a diferença entre renda e proventos?**

O conceito constitucional de renda, para fins do IR, está necessariamente ligado a um **acréscimo patrimonial**. Essa renda pode advir do capital (aplicação financeira, por exemplo), do trabalho (remuneração por um serviço prestado, salário etc.) ou da combinação de ambos, conforme o art. 43, I do CTN. A renda tributada pelo IR é uma riqueza nova, um resultado obtido após a dedução das despesas realizadas para a sua obtenção.

Já os proventos são definidos, pelo art. 43, II, do CTN, por exclusão, como os acréscimos patrimoniais não compreendidos no conceito de renda.

A doutrina ensina que os proventos se contrapõem ao conceito de renda por representarem rendimentos obtidos em razão da inatividade, como por exemplo a aposentadoria, a pensão ou ainda as doações. Ainda se considera proventos os acréscimos patrimoniais oriundos de atividades ilícitas ou de fontes não identificadas, pois também se classificam como acréscimos patrimoniais que não se originam do capital, do trabalho, ou da combinação de ambos.

| RENDA | PROVENTOS |
|---|---|
| rendimento oriundo do capital, do trabalho ou da combinação de ambos | rendimentos obtidos em razão da inatividade (aposentadoria e pensão) ou oriundos de atividades ilícitas |

Anote-se que a Constituição, ao trazer em seu texto a expressão "renda e proventos de qualquer natureza", limita a liberdade do legislador, até porque a lei tributária não pode alterar a definição, o conteúdo e o alcance de institutos, conceitos e formas de direito privado utilizados expressa ou implicitamente pela Constituição Federal para definir ou limitar competências tributárias (art. 110 do CTN).

Segundo Paulo Ayres Barreto:

"A Carta Magna de 88 manteve a tendência (...)de repartir a competência impositiva, referindo a materialidade dos tributos nela previstos, a significação da expressão 'renda e proventos de qualquer natureza' há de ser elaborada a partir do conteúdo semântico de seus termos. E esse esforço exegético haverá de ser empreendido a partir do Texto Constitucional " (BARRETO, 2001, p. 69)

Ricardo Lobo Torres, contudo, parece seguir posição mais flexível:

> "A renda e proventos são conceitos constitucionais abertos, que devem ser trabalhados pela doutrina e pela legislação. A CF não opta por qualquer das teorias elaboradas sobre a noção de renda nem define o fato gerador do tributo. O legislador tem, portanto, liberdade para a concretização normativa, respeitados os limites do sentido possível do conceito de renda, acrescido da noção residual de proventos, como acréscimo de patrimônio em determinado lapso de tempo" (TORRES, 2013, p. 379-380)

O IR deve obedecer ao princípio da legalidade e da anterioridade anual (de exercício), mas não precisa observar a anterioridade nonagesimal (CF, art. 150, § 1º). Sendo assim, caso o IR seja majorado nos últimos dias de dezembro, tal majoração já valerá para o primeiro dia do exercício seguinte.

O imposto de renda costuma ser classificado como um **imposto direto**, pois o ônus econômico da tributação não é repassado a um terceiro (consumidor). Não se deve esquecer, contudo, a crítica a essa classificação, que ressalta o fato de toda a tributação que recai sobre uma empresa ser repassada ao consumidor, já que representa um custo da atividade econômica.

Por fim, deve-se mencionar o **entendimento do STF** segundo o qual o Poder Judiciário não pode substituir o Legislativo na correção da tabela do Imposto de Renda de Pessoa Física – IRPF (RE 388.312, Pleno, 01/08/2011). Haveria uma indevida interferência nas atribuições dos Poderes Executivo e Legislativo de análise do momento econômico e do índice de correção adequados para a retomada, ou mera aproximação, do quadro estabelecido entre os contribuintes e a lei, quando de sua edição, devendo essa omissão ficar sujeita apenas ao princípio da responsabilidade política.

## 2. FATO GERADOR

O fato gerador do IR não é a renda ou o provento; é a aquisição de renda ou provento disponíveis (CTN, art. 43). Essa disponibilidade da renda ou do provento pode ser econômica ou jurídica. O conceito de renda já foi cobrado no concurso de Procurador da Fazenda Nacional em 2012, no qual a ESAF considerou **correta** a seguinte assertiva:

✓ **"Como renda deve-se entender a aquisição de disponibilidade de riqueza nova, na forma de um acréscimo patrimonial, ao longo de um determinado período de tempo".**

▶ **Qual a diferença entre disponibilidade econômica e disponibilidade jurídica?**

A **disponibilidade econômica** guarda a noção de recebimento de um valor, de um acréscimo patrimonial consistente na faculdade de usar e dispor de uma quantia. A **disponibilidade jurídica**, por sua vez, significa a aquisição de um direito de crédito (títulos de crédito como cheque e nota promissória são bons exemplos), não sujeito a condição suspensiva. Nesse último caso, Hugo de Brito Machado (2005, p. 317) ensina que não basta ser credor da renda se esta não está disponível.

Outro exemplo de disponibilidade jurídica, considerando-se a **orientação da Receita Federal**, está no art. 16, § 2º da IN SRF 25/96, segundo a qual "quando o aluguel for recebido por meio de imobiliárias, procurador ou qualquer outra pessoa designada pelo locador, será considerada como data de recebimento aquela em que o locatário efetuou o pagamento, independentemente de quando o mesmo for repassado ao beneficiário".

▶ **Existe identidade entre disponibilidade econômica e disponibilidade financeira?**

A resposta tende a ser negativa. A disponibilidade econômica não se confunde com a disponibilidade financeira, pois, como ensina o didático julgado do STJ, "**não se deve confundir disponibilidade econômica com disponibilidade financeira** da renda ou dos proventos de qualquer natureza. Enquanto esta última se refere à imediata utilidade da renda, a segunda está atrelada ao simples acréscimo patrimonial, independentemente da existência de recursos financeiros. Não é necessário que a renda se torne efetivamente disponível (disponibilidade financeira) para que se considere ocorrido o fato gerador do imposto de renda, limitando-se a lei a exigir a verificação do acréscimo patrimonial (disponibilidade econômica)" (STJ, REsp 983.134, Rel Min. Castro Meira, 2ª Turma, julgado em 04/2008, grifado pelo autor).

Segundo José Eduardo Soares de Melo (2005, p. 378), disponibilidade financeira é o ingresso (não necessariamente a incorporação) de dinheiro no patrimônio particular, que nem sempre constitui fato gerador do

IR. Não é demais reforçar que uma determinada quantia pode ingressar no caixa de uma empresa sem que seja disponível econômica ou juridicamente, não havendo, nesse caso, a incidência do IR (pode-se citar como exemplo um empréstimo obtido junto a um banco, caso em que o dinheiro recebido não se caracteriza como acréscimo patrimonial).

A banca CESPE já exigiu o conhecimento dessa diferenciação, ao considerar **incorreto** o seguinte item, no concurso de Procurador do Tribunal de Contas do DF em 2013:

> ✘ "**O fato gerador do imposto sobre a renda e proventos de qualquer natureza é a disponibilidade financeira da renda**".

Ainda sobre a definição do fato gerador do IR, deve-se atentar que o termo receita é mais amplo que

renda ou provento. Receita significa o ingresso de numerário, bens ou direitos sem considerar as despesas realizadas. Não se identifica, por isso, com o conceito de renda ou provento, que por sua vez leva em conta as despesas.

Por conta dessa diferenciação, não se pode crer que o art. 43, §§ 1º e 2º do CTN tenha tido a função de elastecer o fato gerador do IR. Como já dito antes, a Constituição limitou a liberdade do legislador ao definir a incidência do imposto sobre renda e proventos de qualquer natureza, não podendo a lei ampliar a competência tributária da União, que só pode ser delineada por norma constitucional.

► **O que seria fato gerador complexivo? E por que a doutrina costuma classificar o IR como um imposto de fato gerador complexivo?**

Esta noção está ligada ao **elemento temporal** do IR. A doutrina majoritária classifica o **fato gerador do IR** como **periódico ou complexivo**, uma vez que seu processo de formação ocorre ao longo de um determinado período, considerando-se vários fatos que, somados, compõem o fato gerador para efeitos legais.

Luciano Amaro bem explica:

> "O fato gerador do tributo designa-se periódico quando sua realização se põe ao longo de um espaço de tempo. Não ocorrem hoje ou amanhã, mas sim ao longo de um período de tempo, ao término do qual se valorizam 'n' fatos isolados que, somados, aperfeiçoam o fato gerador do tributo. É tipicamente o caso do imposto sobre a renda periodicamente apurada, à vista de fatos (ingressos financeiros,

despesas etc.) que, no seu conjunto, realizam o fato gerador" (AMARO, 2005, p. 268)

O STJ já adotou essa classificação, ao decidir que **o fato gerador do Imposto de Renda realiza-se no decorrer do ano-base ao qual se refere sua declaração (ato complexo)**. Ou seja, não ocorre ele no último dia do exercício financeiro em relação ao qual deve o contribuinte realizar a apuração do eventual quantum devido. É no transcorrer do ano de referência que se verificam as disponibilidades econômicas e jurídicas que justificam a tributação da renda; podendo, por conseguinte, ser ela antecipada, de forma que sua apuração final poderá ser postergada para o ano seguinte. (STJ, AgRg no REsp 281.088, Rel. Min. Humberto Martins, 2ª Turma, julgado em 06/2007, grifado pelo autor).

> ▶ **ATENÇÃO!!!!**

As bancas de concurso também exigem esse tema, como se pode ver da assertiva considerada correta no concurso de Advogado da Petrobrás em 2006, realizado pela CESGRANRIO:

✔ "O fato gerador do imposto sobre a renda é classificado como complexivo".

## 3. CONTRIBUINTE

O art. 45 do CTN define o contribuinte do IR como o titular da disponibilidade a que se refere o art. 43, sem prejuízo de atribuir a lei essa condição ao possuidor, a qualquer título, dos bens produtores de renda ou dos proventos tributáveis. Além disso, a lei pode atribuir à fonte pagadora da renda ou dos proventos tributáveis a condição de responsável pelo imposto cuja retenção e recolhimento lhe caibam.

O contribuinte do IR pode auferir sua renda no exterior, mas se for domiciliado no Brasil, aqui sofrerá a incidência do IR. Não importa a nacionalidade da fonte, mas sim o domicílio do contribuinte, como bem observou a seguinte questão de concurso:

✔ "Para a incidência do imposto de renda das pessoas físicas, considera-se, independentemente da denominação dos rendimentos e da nacionalidade da fonte, o benefício do contribuinte, por qualquer forma e a qualquer título" (assertiva considerada **correta** no concurso de Juiz Federal da 1ª Região em 2013, realizado pelo CESPE).

Pouco importa, para a tributação do IR, as qualidades pessoais do contribuinte, pois o IR orienta-se pelo critério da **generalidade** (CF, art. 153, § 2º, I). Ou seja, o IR alcança todos os contribuintes sem discriminá--los em razão de características particulares, concretizando assim o princípio da igualdade. Todos aqueles que praticarem o fato gerador do IR serão igualmente tributados, guardando a generalidade, portanto, uma conotação subjetiva. É esse o sentido da antiga súmula 93 do STF: "Não está isenta do imposto de renda a atividade profissional do arquiteto."

> ▶ **ATENÇÃO!!!!**

**A disciplina do IR é diferente conforme o sujeito passivo for pessoa física ou jurídica. Em relação às pessoas físicas, o IR segue o regime de caixa, pelo qual o fato gerador ocorre no momento do recebimento (ingresso físico) da renda. Quando se tratar de pessoa jurídica, contudo, a tributação é feita pelo regime de competência, ocorrendo o fato gerador no momento da apuração contábil da renda, mesmo que esta seja recebida posteriormente.**

| REGIME DE CAIXA | REGIME DE COMPETÊNCIA |
|---|---|
| aplica-se ao imposto de renda devido pelas pessoas físicas | aplica-se ao imposto de renda devido pela pessoa jurídica |
| o fato gerador ocorre no momento do recebimento da renda | o fato gerador ocorre no momento da apuração contábil da renda |

Apesar de o imposto de renda de pessoa física seguir o regime de caixa, o STJ entende que no caso de benefício previdenciário pago em atraso e acumuladamente, não é legítima a cobrança de imposto de renda com parâmetro no montante global pago extemporaneamente. Isso porque a incidência do imposto de renda deve observar as tabelas e alíquotas vigentes na época em que os valores deveriam ter sido adimplidos, devendo ser observada a renda auferida mês a mês pelo segurado (AgRg no AREsp 300.240-RS). O STF, no julgamento do RE 614.406 (na sistemática da repercussão geral), também entendeu que a alíquota do IR deve ser a correspondente ao rendimento recebido mês a mês, e não aquela que incidiria sobre valor total pago de uma única vez, e portanto mais alta.

## 4. BASE DE CÁLCULO E ALÍQUOTAS

O art. 44 do CTN dispõe que a base de cálculo do IR é o montante, real, arbitrado ou presumido, da renda ou dos produtos tributáveis.

Tem-se a partir daí a classificação do lucro utilizada no IR das pessoas jurídicas.

O **lucro real** é em regra a base de cálculo do IR para as pessoas jurídicas e pode ser definido como o lucro líquido do exercício ajustado pelas adições, exclusões ou compensações prescritas ou autorizadas pela legislação tributária. A apuração do lucro real é a forma mais rigorosa e técnica de apuração de base de cálculo do IRPJ, pois consiste no levantamento contábil das receitas, despesas e demais deduções permitidas em lei. A determinação do lucro real será precedida da apuração do lucro líquido com observância das disposições das leis comerciais (art. 37, § 1º da Lei 9.430/96)

Já o **lucro presumido** representa uma apuração mais simples, sendo uma **opção** de empresas que possuem sua receita bruta dentro de um determinado limite e cujas atividades não estejam obrigatoriamente sujeitas à apuração do lucro real. Nesse caso não há o rigor contábil do lucro real, e a base de cálculo é determinada mediante a aplicação do percentual de oito por cento sobre a receita bruta auferida mensalmente (art. 15, *caput* da Lei 9.249/95). Esse percentual de oito por cento é a regra geral, havendo percentuais diferenciados para determinados ramos de atividades.

O **lucro arbitrado**, por outro lado, é uma técnica de determinação da base de cálculo do IR adotada quando o contribuinte não atender às exigências legais para a apuração pelo lucro real ou presumido. Como ensina a doutrina, apesar de estar relacionado ao descumprimento pelo contribuinte de obrigações acessórias, a técnica do lucro arbitrado não pode ser conceituada como uma penalidade. Até mesmo porque o próprio contribuinte pode realizar o arbitramento (art. 531 do Regulamento do Imposto de Renda).

O art. 47 da Lei 8.981/95 traz as hipóteses em que a base de cálculo do IRPJ será o lucro arbitrado, dentre elas:

1) o contribuinte, obrigado a tributação com base no lucro real ou submetido ao regime de tributação de que trata o Decreto-Lei nº 2.397, de 1987, não mantiver escrituração na forma das leis comerciais e fiscais, ou deixar de elaborar as demonstrações financeiras exigidas pela legislação fiscal;

2) a escrituração a que estiver obrigado o contribuinte revelar evidentes indícios de fraude ou contiver vícios, erros ou deficiências;

3) o contribuinte deixar de apresentar à autoridade tributária os livros e documentos da escrituração comercial e fiscal, ou o Livro Caixa.

A técnica do lucro arbitrado pode ser utilizada quando a receita bruta for conhecida ou não. Sendo conhecida, a apuração do lucro arbitrado pode ser feita pelo próprio contribuinte, cabendo o pagamento do IR correspondente (art. 47 da Lei 8.981/95). Quando a receita bruta não for conhecida, o lucro arbitrado será determinado por procedimento de ofício da Receita Federal (art. 51 da Lei 8.981/95).

Sobre o lucro arbitrado e o lucro presumido, pertinentes as lições de Paulo Ayres Barreto:

> "Só há se cogitar de arbitramento nos casos em que se verificar impossível a apuração do montante real. Já a possibilidade de que a incidência se dê se se tiver por base renda presumida deverá representar sempre uma opção do contribuinte. É que, caso fosse obrigatório o cálculo do imposto com base no lucro presumido, estaríamos diante de presunção absoluta, ensejadora de possível ocorrência tributária sobre fato distinto de 'auferir renda'" (BARRETO, 2001, p. 93)

Quadro-resumo: lucro real, lucro presumido e lucro arbitrado.

| Lucro real | Lucro presumido | Lucro arbitrado |
|---|---|---|
| O lucro líquido do exercício ajustado pelas adições, exclusões ou compensações prescritas ou autorizadas pela legislação tributária; a determinação do lucro real será precedida da apuração do lucro líquido com observância das disposições das leis comerciais. | Consiste em uma opção de empresas que possuem sua receita bruta dentro de um determinado limite e cujas atividades não estejam obrigatoriamente sujeitas à apuração do lucro real. Nesse caso não há o rigor contábil do lucro real, e a base de cálculo é determinada mediante a aplicação de um percentual sobre a receita bruta auferida mensalmente. | Técnica de determinação da base de cálculo do IR adotada quando o contribuinte não atender às exigências legais para a apuração pelo lucro real ou presumido; apesar de estar relacionado ao descumprimento pelo contribuinte de obrigações acessórias, a técnica do lucro arbitrado não pode ser conceituada como uma penalidade. |

A base de cálculo do IR é informada pelo critério da **universalidade** (CF, art. 153, § 2º, I), que determina a sujeição de toda e qualquer modalidade de renda e provento à incidência do IR. Enquanto o critério da generalidade possui feição subjetiva, relacionando-se com o contribuinte, a universalidade tem caráter objetivo. Apesar do critério da universalidade, o STJ já decidiu que o IRPJ e a CSLL incidem apenas sobre o lucro real, e não abrangem o lucro inflacionário, visto que este constitui mera atualização das demonstrações financeiras do balanço patrimonial (STJ, Eag 1.019.831, Rel. Min. Hamilton Carvalhido, 1ª Seção, j. 13.12.2010)

É importante observar que **a universalidade contrapõe-se à seletividade**. Enquanto a seletividade baseia-se na diferenciação da tributação conforme a espécie do objeto a ser onerado, a universalidade busca justamente igualar e unificar as rendas e proventos, desconsiderando as peculiaridades das rendas do contribuinte.

O critério da **progressividade** (CF, art. 153, § 2º, I) é aplicado na fixação das alíquotas do IR, que possuem percentuais diferentes de acordo com a faixa de renda do contribuinte, o que concretiza o princípio da **capacidade contributiva** aplicável aos impostos (CF, art. 145, § 1º). Desse modo, um recém-formado que possui um salário de dois mil reais está sujeito a alíquotas menores do que as incidentes sobre o salário de dez mil reais do seu chefe.

A progressividade já foi abordada no concurso de Auditor Fiscal da Receita Federal de 2009, em que a ESAF considerou **correta** a seguinte assertiva:

✓ **"Podemos afirmar que o critério da progressividade decorre dos princípios da igualdade e da capacidade contributiva, na medida em que contribuintes com maiores rendimentos sejam tributados de modo mais gravoso do que aqueles com menores rendimentos".**

> ▶ **ATENÇÃO!!!!**
>
> A observância do critério da progressividade não permite ao Poder Judiciário autorizar a correção monetária da tabela progressiva do IRPF, o que caracterizaria uma indevida intromissão nas atribuições próprias dos Poderes Executivo e Legislativo (STF, RE 388.312, Red. p/ ac. Min. Carmen Lúcia, Pleno).

Por fim, cumpre ainda tecer, no que diz respeito à base de cálculo do IR, breves considerações a respeito do que se entende por **base de cálculo negativa**.

Esse conceito está relacionado às pessoas jurídicas, e apresenta-se quando a empresa apresentar prejuízos, não havendo acréscimo patrimonial a ser tributado. Mais do que isso, o prejuízo experimentado em um período pode ser levado em conta no outro período, em que ocorrer acréscimo patrimonial, procedendo-se assim a uma compensação do prejuízo fiscal do exercício anterior com a renda do exercício atual.

Paulo Ayres Barreto explica da seguinte forma:

> "É imprescindível ainda a consideração dos prejuízos verificados em exercício anteriores. O imposto sobre a renda incide sobre riqueza nova. Sem a efetiva compensação de prejuízos fiscais verificados em exercícios anteriores, a incidência do imposto sobre a renda opera--se sobre o patrimônio. Deveras, se, exemplificativamente, a empresa inicia suas atividades com um capital de R$ 100.000,00 e apura um prejuízo de R$ 30.000,00 no primeiro ano de atuação; registra um prejuízo de R$ 20.000,00 no segundo ano fiscal e, por fim, um lucro de R$ 40.000,00 no terceiro ano de operação, é evidente que este resultado positivo sequer foi suficiente para recompor o patrimônio investido originariamente. Não há produção de riqueza nova. Jamais existiu acréscimo patrimonial. Logo, descabe cogitar de incidência do imposto sobre a renda relativamente ao lucro auferido no terceiro ano" (BARRETO, 2001, p. 93)

A Lei 9.430/96 prevê a base de cálculo negativa do IRPJ da seguinte forma:

> Art. 6º. § 1º O saldo do imposto apurado em 31 de dezembro receberá o seguinte tratamento:
>
> II – se negativo, poderá ser objeto de restituição ou de compensação nos termos do art. 74. (Redação dada pela Lei nº 12.844, de 19 de julho de 2013)

A lei 8.981/95 prevê em seu artigo 42 a limitação de prejuízos fiscais em 30%, para a redução do lucro líquido pelos prejuízos fiscais de exercícios anteriores: "A partir de 1º de janeiro de 1995, para efeito de determinar o lucro real, o lucro líquido ajustado pelas adições e exclusões previstas ou autorizadas pela legislação do Imposto de Renda, poderá ser reduzido em, no máximo, trinta por cento".

Em relação à Contribuição Social sobre o Lucro Líquido, há previsão da compensação dos prejuízos fiscais na Lei 9.065/95:

> Art. 15. O prejuízo fiscal apurado a partir do encerramento do ano--calendário de 1995, poderá ser compensado, cumulativamente com os prejuízos fiscais apurados até 31 de dezembro de 1994, com o lucro líquido ajustado pelas adições e exclusões previstas na legislação do imposto de renda, observado o limite máximo, para a compensação, de trinta por cento do referido lucro líquido ajustado.

Humberto Ávila, em livro específico sobre o tema, condena a limitação da compensação dos prejuízos fiscais sob a ótica da isonomia:

"se a periodicidade do imposto sobre a renda for estanque para toda e qualquer atividade, aqueles contribuintes que exercem atividades que envolvem gastos produzidos em períodos antecedentes não poderão compensar seus prejuízos em períodos futuros. Esse entendimento, contudo, discrimina os contribuintes que exercem atividades cíclicas, com alto grau de risco e de investimento, em favor dos contribuintes que exercem atividades lineares, sem alto grau de risco e de investimento." (ÁVILA, 2011, p. 53)

Em que pese a crítica doutrinária a esse limite de 30% na compensação, tanto o STJ quanto o STF a entendem legítima, classificando a compensação de prejuízos fiscais como mero benesse fiscal, que pode ser livremente manipulada pelo legislador:

TRIBUTÁRIO – COMPENSAÇÃO DE PREJUÍZOS FISCAIS – SUCESSÃO DE PESSOAS JURÍDICAS – INCORPORAÇÃO E FUSÃO – VEDAÇÃO – ART. 33 DO DECRETO-LEI 2.341/87 – VALIDADE – ACÓRDÃO – OMISSÃO: NÃO-OCORRÊNCIA.

1. Inexiste violação ao art. 535, II, do CPC se o acórdão embargado expressamente se pronuncia sobre as teses aduzidas no recurso especial.

2. **Esta Corte firmou jurisprudência no sentido da legalidade das limitações à compensação de prejuízos fiscais, pois a referida faculdade configura benefício fiscal, livremente suprimível pelo titular da competência tributária.**

3. A limitação à compensação na sucessão de pessoas jurídicas visa evitar a elisão tributária e configura regular exercício da competência tributária quando realizado por norma jurídica pertinente.

4. Inexiste violação ao art. 43 do CTN se a norma tributária não pretende alcançar algo diverso do acréscimo patrimonial, mas apenas limita os valores dedutíveis da base de cálculo do tributo.

5. O art. 109 do CTN não impede a atribuição de efeitos tributários próprios aos institutos de Direito privados utilizados pela legislação tributária.

6. Recurso especial não provido. (STJ, REsp 1.107.518, Rel. Eliana Calmon, 2ª Turma, j. 06. 08.2009)

EMENTA: RECURSO EXTRAORDINÁRIO. TRIBUTÁRIO. IMPOSTO DE RENDA. DEDUÇÃO DE PREJUÍZOS FISCAIS. LIMITAÇÕES. ARTIGOS 42 E 58 DA LEI N. 8.981/95. CONSTITUCIONALIDADE. AUSÊNCIA DE VIOLAÇÃO DO DISPOSTO NOS ARTIGOS 150, INCISO III, ALÍNEAS "A" E "B", E 5º, XXXVI, DA CONSTITUIÇÃO DO BRASIL.

1. **O direito ao abatimento dos prejuízos fiscais acumulados em exercícios anteriores é expressivo de benefício fiscal em favor do**

**contribuinte. Instrumento de política tributária que pode ser revista pelo Estado**. Ausência de direito adquirido

> 2. A Lei n. 8.981/95 não incide sobre fatos geradores ocorridos antes do início de sua vigência. Prejuízos ocorridos em exercícios anteriores não afetam fato gerador nenhum. Recurso extraordinário a que se nega provimento. (STF, RE 344.994, Rel. Marco Aurélio, Pleno, j.25.03.2009)

Da mesma forma a súmula 3 do CARF:

> "Para a determinação da base de cálculo do IRPJ e da CSLL, a partir do ano-calendário de 1995, o lucro líquido ajustado poderá ser reduzido em, no máximo, 30%, tanto em razão da compensação de prejuízo, como em razão da compensação da base de cálculo negativa".

A questão, contudo, aguarda julgamento pelo STF sob o regime de repercussão geral, no RE 591.340.

## 5. LANÇAMENTO

O lançamento do IR é feito **por homologação**, pois o próprio sujeito passivo tem o dever de efetuar o pagamento antes de qualquer análise por parte da autoridade fiscal. O lançamento por homologação ocorre mesmo nos casos em que o IR é retido na fonte.

Caso haja pagamento a menor ou não haja pagamento, a autoridade fiscal fará o lançamento de ofício, nos termos do art. 149 do CTN.

Cumpre ainda esclarecer que a famosa declaração de bens e rendimentos feita pelas pessoas físicas anualmente não tem o condão de caracterizar o IR como tributo sujeito a lançamento por homologação. O art. 147 define o lançamento por declaração como aquele em que o sujeito passivo ou um terceiro presta à autoridade administrativa informações sobre matéria de fato, indispensáveis à efetivação do lançamento. No caso do IR, contudo, as informações sobre matéria de fato são utilizadas pelo próprio sujeito passivo para o cálculo do montante devido, e realização do pagamento, sem uma prévia participação da administração tributária no procedimento.

Hugo de Brito Machado adverte a respeito:

> "O lançamento do imposto de renda já foi um exemplo típico de lançamento mediante declaração, previsto no art. 147 do CTN. Atualmente, porém, a declaração de rendimentos é entregue e o contribuinte recebe, desde logo, a intimação para o pagamento do tributo

nos termos de sua declaração, de sorte que o lançamento, a rigor, já não se faz por declaração, mas por homologação." (MACHADO, 2005, p. 325)

Caso o contribuinte não realize o pagamento ou o faça a menor, caberá o lançamento de ofício pela autoridade administrativa, aplicando-se o art. 149 do CTN.

## 6. A TRIBUTAÇÃO EM BASES UNIVERSAIS E AS EMPRESAS CONTROLADAS E COLIGADAS NO EXTERIOR

Tradicionalmente, a legislação brasileira adotava o princípio da territorialidade para a tributação, pelo qual seriam tributados pelo IR apenas os fatos geradores ocorridos dentro do território brasileiro. Os rendimentos auferidos no exterior por empresas aqui situadas não eram alcançados pelo imposto.

Com a Lei 9.249/95, contudo, adotou-se a **tributação em bases universais**, para a qual não interessa o local onde ocorre o fato gerador do IR, se no Brasil ou no exterior. Basta que seu titular seja domiciliado (domicílio tributário) no Brasil. De fato, a referida lei, em seu art. 25 prevê categoricamente a tributação dos lucros, rendimentos e ganhos de capital auferidos no exterior pelas pessoas jurídicas domiciliadas no Brasil.

Em relação às pessoas físicas, a Lei 7.713/88 já previa, em seu art. 3º, § 4º, a tributação do IR independentemente da localização, condição jurídica ou nacionalidade da fonte dos rendimentos.

Essa tributação em bases universais está de acordo com o critério da generalidade, previsto no art. 153, § 2º, I, da CF/88, devendo o IR incidir sobre todos os rendimentos auferidos pelo contribuinte, dada a amplitude da base de cálculo do IR.

Em 2001, a Lei Complementar 104 acrescentou o § 2º ao art. 43 do CTN, segundo o qual na hipótese de receita ou de rendimento oriundos do exterior, a lei estabelecerá as condições e o momento em que se dará sua disponibilidade, para fins de incidência do IR.

No mesmo ano, a Medida Provisória 2.158-35 disciplinou a matéria, prevendo que os lucros auferidos por controlada ou coligada no exterior serão considerados disponibilizados para a controladora ou coligada no Brasil na **data do balanço** em que tiverem sido apurados, na forma do regulamento (art. 74).

Essa normatização gerou um debate em torno de duas posições.

De um lado, os contribuintes afetados pela legislação defendiam a inconstitucionalidade do § 2º do art. 43 do CTN e do art. 74 da Medida Provisória, argumentando, em síntese, que a mera apuração do lucro pelas controladas ou coligadas no exterior não representava uma disponibilidade de renda para as empresas sediadas no Brasil, de modo que não haveria fato gerador do IR.

Representando essa corrente, temos o pensamento de Paulo Ayres Barreto:

> "Na data da apuração, o que se tem é mera expectativa de renda, e não renda efetiva. O lucro apurado pode ser capitalizado, por hipótese, com o que jamais será revertido em favor da controladora ou coligada brasileira. Vezes há que a própria legislação do país em que situada a controlada ou coligada (é o caso, por exemplo, da Espanha e da Itália) ou, ainda, disposições contratuais impõem restrições ou vedações à distribuição da renda à empresa brasileira. Também a deliberação da Assembleia é fator essencial à distribuição da renda. A apuração de resultado, portanto, não se confunde com a disponibilização da renda."
>
> Quando da apuração, há lucro passível de disponibilização, mas não efetivamente disponibilizado. Há, para a controlada ou coligada estrangeira, o direito de tornar disponível o lucro. Nada obstante, possuir esse direito não implica dizer que o lucro foi disponibilizado à empresa brasileira."(BARRETO, Paulo Ayres, 2014, p. 222)

De outro lado, a Fazenda Nacional defendia que a apuração contábil do lucro da empresa estrangeira já configurava uma disponibilidade econômica da empresa controladora ou coligada sediada no Brasil, uma vez que a legislação adota o regime de competência e a tributação em bases universais para o IR. Além disso, os dispositivos questionados seriam mecanismos antielisivos de combate à sonegação.

**Após anos de discussão, o STF enfrentou a questão na ADI 2.588**, cuja ementa chegou às seguintes conclusões:

a) Inaplicabilidade do art. do art. 74 da MP 2.158-35 às empresas nacionais coligadas a pessoas jurídicas sediadas em países sem tributação favorecida, ou que não sejam "paraísos fiscais";

b) A aplicabilidade do art. 74 da MP 2.158-35 às empresas nacionais controladoras de pessoas jurídicas sediadas em países de tributação favorecida, ou desprovidos de controles societários e fiscais adequados ("paraísos fiscais", assim definidos em lei);

c) A inconstitucionalidade do art. 74 par. ún., da MP 2.158-35/2001, de modo que o texto impugnado não pode ser aplicado em relação aos lucros apurados até 31 de dezembro de 2001.

Perceba que, em razão das divergências entre os Ministros, não houve decisão quanto às controladas fora de paraíso fiscal nem para as coligadas localizadas em paraíso fiscal (**paraísos fiscais** são os países com tributação favorecida, que não tributam a renda ou a tributam com alíquota máxima inferior a 20%, segundo o art. 24 da Lei 9.430/96; as Instruções Normativas SRF 164/98 e 68/00 trazem uma lista desses países).

Essa distinção entre coligadas e controladas tem a seguinte razão de ser: enquanto nas empresas coligadas a empresa coligada brasileira não possui ingerência sobre a coligada no exterior, no caso das controladas sediadas no exterior a empresa brasileira controladora tem poder de decisão sobre a controlada, podendo desse modo interferir na disponibilização dos lucros auferidos pela controlada. Por isso, a tese da inconstitucionalidade da norma questionada em relação às empresas coligadas teve argumentos mais contundentes no julgamento da ADI.

Dada a importância do tema para a Procuradoria da Fazenda Nacional (tanto que o tema foi objeto de questionamento na prova discursiva do concurso da PFN em 2012), interessante transcrever trechos do memorial apresentado pela PGFN no julgamento da ADI citada acima, que condensa os principais argumentos da Fazenda Nacional:

> "V. DO CAPUT DO ART. 74 DA MEDIDA PROVISÓRIA Nº 2.158-35. DO COMBATE À ELISÃO FISCAL E DO MÉTODO DE EQUIVALÊNCIA PATRIMONIAL.
>
> 23. Em face da abertura da economia brasileira ao comércio internacional, a partir de 1995 a lei tributária sofreu diversas alterações, visando o combate da elisão fiscal.
>
> 24. Nesse sentido a alteração da regra de cobrança de imposto de renda das pessoas jurídicas com base no princípio da territorialidade para o sistema de tributação em bases universais – TBU, no tocante a tributação de lucros e rendimentos auferidos por empresas brasileiras que exerçam atividades no exterior, por meio de empresas coligadas ou controladas.
>
> 25. Dessa forma, **abandonou-se, também, em relação às controladoras e coligadas brasileiras, a chamada disponibilização financeira (regime de caixa) e adotou-se a disponibilização econômica (regime de competência).**

26. Neste ponto, destaca-se que o art. 74, da Medida Provisória n° 2.158-34/2001, não inovou nem sequer alterou o fato gerador e a base de cálculo do IRPJ e da CSLL , já definidos no caput do artigo 43 e 44 do CTN , respectivamente, limitando-se a dispor sobre o momento em que a controladora ou coligada brasileira deverá apresentar o referido lucro à tributação.

27. Foi exatamente tendo em conta o permissivo do § 2° do art. 43 do CTN (com a redação dada pela LC n°. 104/2001) que o referido art. 74, da MP em causa, determinou que "os lucros auferidos por controlada ou coligada no exterior serão considerados disponibilizados para a controladora ou coligada no Brasil na data do balanço em que tiverem sido apurados, na forma do regulamento ", o que se deu, unicamente, com objetivo de facilitar a sua fiscalização.

28. No caso do lucro obtido no exterior, a MP em causa, em estrita consonância com o artigo 43 e 44 do CTN, ateve-se ao momento do efetivo benefício decorrente da repercussão no mercado, do acréscimo patrimonial da empresa brasileira , qual seja o momento da apuração contábil do lucro da estrangeira , por forca do método da equivalência patrimonial (MEP), a que estão obrigadas pela Lei das SAs.

(...)

45. Incontestável, assim, que o artigo 74 impugnado não inovou ou tributou o que não era efetivamente disponível para a empresa brasileira, tendo tão somente, conforme fartamente demonstrado, sintonizado as necessidades do direito tributário internacional com a legislação comercial já vigente e cogente para as empresas brasileiras controladoras e coligadas.

46. A partir da legislação comercial a empresa brasileira já registrava, obrigatoriamente, em seu balanço, os valores do lucro apurado por sua controlada ou coligada, sendo essa disponibilidade econômica , fato gerador do imposto de renda.

47. Caberá, contudo, à lei ordinária, consoante preceitua o art. 43, § 2°, CTN, estabelecer em que momento se dará a referida disponibilidade – NÃO PARA FINS DE AQUISIÇÃO (ELEMENTO TEMPORAL) –, mas para fins de incidência: OU SEJA, SE A TRIBUTAÇÃO SERÁ IMEDIATA OU DIFERIDA.

48. Demonstra-se improcedente, portanto, a argüição de inconstitucionalidade do parágrafo 2° do art. 43 do Código Tributário Nacional, bem como do artigo 74 da Medida Provisória n°. 2.158-35.

49. Como já dito, a norma impugnada a que se pretende seja declarada inconstitucional tem como objetivo impedir a liberalidade dos contribuintes em detrimento do interesse público, de forma que eventual declaração de inconstitucionalidade deste dispositivo estará

afastando para referidas empresas o disposto no caput do artigo 43 e 44 do CTN, permitindo a evasão de bilhões de reais.

50. Tudo isso em franca violação ao princípio da isonomia, uma vez que investimentos no país submeter-se-iam a regramento mais gravoso do que o estipulado para investimentos em coligadas e controladas no exterior, implicando em desestímulo ao investimento nacional, acirrando a problemática da concorrência predatória entre o regime tributário nacional em contraposição aos paraísos fiscais." (Memorial da União – Fazenda Nacional – apresentado do julgamento da ADI 2.588)

Em maio de 2014, a Lei 12.973/2014 revogou o artigo 74 da MP 2.158-35, dando uma nova disciplina à matéria. Da mesma forma que o Supremo Tribunal Federal, a referida lei diferenciou o tratamento conforme se trate de empresa controlada ou coligada, conferindo um tratamento mais rígido às controladas, além de ter-se utilizado do critério de localização em paraíso fiscal, também seguindo a orientação do STF.

As regras relativas às controladas, nos artigos 77 a 80 da Lei 12.973/2014, foram resumidas por Alberto Xavier da seguinte maneira:

"No que concerne à tributação das sociedades controladas (e a elas equiparadas) domiciliadas no exterior, são as seguintes as características do novo regime: (i) a tributação automática, isto é, incidente sobre os lucros daquelas sociedades, independentemente de sua distribuição efetiva; (ii) a tributação *per saltum* das controladas indiretas, com a consequente eliminação da consolidação vertical; e (iii) a proibição de consolidação horizontal dos lucros e prejuízos das controladas diretas e indiretas, ao nível da controladora brasileira, como regime de regra, admitindo-se excepcionalmente essa consolidação em caráter opcional, temporário e limitado" (XAVIER, 2014, p. 12-13)

Já para as sociedades coligadas a nova legislação prevê, ao menos em regra, a tributação dos lucros para a coligada no Brasil na data do pagamento ou do crédito em conta bancária. A tributação automática só será possível em casos específicos, como por exemplo a localização em paraísos fiscais (país ou dependência com tributação favorecida). Vejamos a redação da lei 12.973/2014 a respeito:

Art. 81. Os lucros auferidos por intermédio de coligada domiciliada no exterior serão computados na determinação do lucro real e da base de cálculo da CSLL no balanço levantado no dia 31 de dezembro do ano-calendário em que tiverem sido disponibilizados para a pessoa jurídica domiciliada no Brasil, desde que se verifiquem as seguintes condições, cumulativamente, relativas à investida: I – não esteja sujeita a regime de subtributação, previsto no inciso III do caput do art. 84; II – não esteja localizada em país ou dependência com tributação favorecida, ou não seja beneficiária de regime fiscal privilegiado, de que tratam os arts. 24 e 24-A da Lei nº 9.430, de 27 de dezembro de 1996; III – não seja controlada, direta ou indiretamente, por pessoa jurídica submetida a tratamento tributário previsto no inciso I. § 1º Para efeitos do disposto neste artigo, os lucros serão considerados disponibilizados para a empresa coligada no Brasil: I – na data do pagamento ou do crédito em conta representativa de obrigação da empresa no exterior; II – na hipótese de contratação de operações de mútuo, se a mutuante, coligada, possuir lucros ou reservas de lucros; ou III – na hipótese de adiantamento de recursos efetuado pela coligada, por conta de venda futura, cuja liquidação, pela remessa do bem ou serviço vendido, ocorra em prazo superior ao ciclo de produção do bem ou serviço.

Marciano Seabra de Godoi sintetiza tais inovações, realçando o diálogo institucional entre o STF e os Poderes Executivo e Legislativo da União:

> "Por meio de um movimento de diálogo institucional que se iniciou no STF no julgamento da ADI 2.588 e caminhou em direção ao Executivo e ao Legislativo da União no bojo do processo legislativo da MP 627 e sua conversão na Lei 12.973/2014, substituiu-se um sistema de genérica e indiscriminada tributação automática dos lucros de controladas e coligadas estrangeiras por um novo esquema de tributação que (...) submete aos maiores rigores do regime de transparência fiscal internacional aqueles casos em que há efetivo controle da empresa investidora sobre a empresa investida, e em que os investimentos se dirigem a jurisdições ou regimes com baixa ou nenhuma tributação" (GODOI, 2014, p. 314)

## 7. PREÇOS DE TRANSFERÊNCIA E PRINCÍPIO DO NÃO FAVORITISMO (*ARM'S LENGHT*)

Preço de transferência é o preço, previamente combinado entre as partes contratantes que possuem uma ligação entre si, com o objetivo de evitar ou reduzir a incidência de tributos.

Suponhamos que duas empresas interdependentes e domiciliadas em países distintos pactuem uma alienação de determinado produto, cujo preço médio de mercado é US$ 100,00. A empresa vendedora, contudo, vende o produto por US$ 20,00, repassando um lucro indireto de US$ 80,00 à empresa compradora.

Tal interesse pode existir em razão de uma carga tributária mais acentuada no país da empresa vendedora. Como as empresas possuem alguma ligação entre si, como matriz e filial, ou controladora e controlada, por exemplo, acaba havendo um ganho para o grupo empresarial como um todo.

Paulo Ayres Barreto sintetiza os requisitos para a caracterização do preço de transferência da seguinte maneira:

> "Para que se dê uma transferência (indireta de lucros) por intermédio dos preços pactuados, é forçoso estarmos diante de:
>
> a) pessoas vinculadas;
>
> b) domiciliadas em diferentes países;
>
> c) preço distinto daquele que seria estabelecido numa operação entre partes não vinculadas; e
>
> d) vantagem fiscal para as partes contratantes." (BARRETO, 2001, p. 99)

No Brasil, o tema é tratado pela Lei 9.430/1996, nos artigos 18 a 24-B.

A legislação delineia os casos em que estaremos diante de pessoas vinculadas, para fins de aplicação das regras atinentes ao peço de transferência:

> "Lei 9.430/1996, artigo 23: Para efeito dos arts. 18 a 22, será considerada vinculada à pessoa jurídica domiciliada no Brasil:
>
> I – a matriz desta, quando domiciliada no exterior;
>
> II – a sua filial ou sucursal, domiciliada no exterior;
>
> III – a pessoa física ou jurídica, residente ou domiciliada no exterior, cuja participação societária no seu capital social a caracterize como sua controladora ou coligada, na forma definida nos §§ 1º e 2º do art. 243 da Lei nº 6.404, de 15 de dezembro de 1976;
>
> IV – a pessoa jurídica domiciliada no exterior que seja caracterizada como sua controlada ou coligada, na forma definida nos §§ 1º e 2º do art. 243 da Lei nº 6.404, de 15 de dezembro de 1976;
>
> V – a pessoa jurídica domiciliada no exterior, quando esta e a empresa domiciliada no Brasil estiverem sob controle societário ou administrativo comum ou quando pelo menos dez por cento do capital social de cada uma pertencer a uma mesma pessoa física ou jurídica;
>
> VI – a pessoa física ou jurídica, residente ou domiciliada no exterior, que, em conjunto com a pessoa jurídica domiciliada no Brasil, tiver participação societária no capital social de uma terceira pessoa jurídica, cuja soma as caracterizem como controladoras ou coligadas desta, na forma definida nos §§ 1º e 2º do art. 243 da Lei nº 6.404, de 15 de dezembro de 1976;
>
> VII – a pessoa física ou jurídica, residente ou domiciliada no exterior, que seja sua associada, na forma de consórcio ou condomínio, conforme definido na legislação brasileira, em qualquer empreendimento;

VIII – a pessoa física residente no exterior que for parente ou afim até o terceiro grau, cônjuge ou companheiro de qualquer de seus diretores ou de seu sócio ou acionista controlador em participação direta ou indireta;

IX – a pessoa física ou jurídica, residente ou domiciliada no exterior, que goze de exclusividade, como seu agente, distribuidor ou concessionário, para a compra e venda de bens, serviços ou direitos;

X – a pessoa física ou jurídica, residente ou domiciliada no exterior, em relação à qual a pessoa jurídica domiciliada no Brasil goze de exclusividade, como agente, distribuidora ou concessionária, para a compra e venda de bens, serviços ou direitos."

A Medida Provisória 22, de 08 de janeiro de 2002 previu mais uma hipótese de pessoas submetidas às regras relativas ao preço de transferência:

Art. 5º: As disposições relativas a preços, custos e taxas de juros, constantes dos arts. 18 a 22 da Lei nº 9.430, de 1996, aplicam-se, também, às operações efetuadas por pessoa física ou jurídica residente ou domiciliada no Brasil, com qualquer pessoa física ou jurídica, ainda que não vinculada, residente ou domiciliada em país ou dependência cuja legislação interna oponha sigilo relativo à composição societária de pessoas jurídicas ou à sua titularidade.

Para identificar esses preços artificiais, costuma-se utilizar o princípio *arm's lenght*, ou princípio do não favoritismo. *Arm's lenght* é uma expressão inglesa que significa distância de um braço, representando assim a distância a partir de qual as pessoas contratantes praticam preços de mercado, em oposição a preços artificiais e combinados.

A obtenção desse "preço natural", ou "preço-parâmetro", sem interferência de contratantes interdependentes na sua formação, não é tarefa das mais fáceis. Os artigos 18 e seguintes da Lei 9.430/1996 trazem uma série de métodos com esse intuito.

Em síntese, podemos dizer que os preços de transferência são preços artificiais criados por pessoas vinculadas, que devem ser controlados pela legislação e pela administração tributária, que deve se utilizar, dentre outros meios, do princípio *arm's lenght*, ou princípio do não favoritismo.

## 8. A NÃO INCIDÊNCIA DO IR SOBRE INDENIZAÇÕES

As indenizações fogem ao conceito de renda e proventos, razão pela qual não podem ser tributadas pelo IR.

A definição, contudo do que é indenização e do que é renda nem sempre é fácil, havendo grandes debates sobre algumas verbas. A seguir, colaciona-se alguns julgados e súmulas considerados importantes sobre o tema:

- **Súmula 498 do STJ:** Não incide imposto de renda sobre a indenização por danos morais;

- **Súmula 463 do STJ:** Incide imposto de renda sobre os valores percebidos a título de indenização por horas extraordinárias trabalhadas, ainda que decorrentes de acordo coletivo;

- **Súmula 386 do STJ:** São isentas de imposto de renda as indenizações de férias proporcionais e o respectivo adicional;

- **Súmula 215 do STJ:** A indenização recebida pela adesão a programa de incentivo à demissão voluntária não está sujeita à incidência do imposto de renda;

- **Súmula 125 do STJ:** O pagamento de férias não gozadas por necessidade do serviço não está sujeito à incidência do imposto de renda.

Os valores percebidos, em cumprimento de decisão judicial, a título de pensionamento por redução da capacidade laborativa decorrente de dano físico causado por terceiro são tributáveis pelo Imposto de Renda (IR). No caso dos valores percebidos a título de pensionamento por redução da capacidade laborativa decorrente de dano físico causado por terceiro, não obstante a verba ostente a natureza de lucros cessantes – o que a qualifica como verba indenizatória –, há acréscimo patrimonial apto a autorizar a incidência do IR com base no art. 43, II, do CTN. (REsp 1.464.786, j. 25.08.2015)

É indevida a cobrança de imposto de renda sobre os valores da complementação de aposentadoria e do resgate de contribuições correspondentes a recolhimentos para entidade de previdência privada, ocorridos entre 01.01.1989 e 31.12.1995, nos termos do art. 6º, VII, b, da Lei n. 7.713/88, na redação anterior à edição da Lei n. 9.250/95 (STJ, REsp 1.012.903)

É pacífico o entendimento do caráter indenizatório das férias pagas em dobro, uma vez transcorridos os períodos aquisitivo e concessivo (STJ, REsp 643.947, 2ª Turma)

Não incide imposto de renda sobre os auxílios alimentação e transporte, por possuírem natureza indenizatória (STJ, Resp 1.278.076, Rel. Min. Mauro Campbell Marques, 2ª Turma)

Não incide IR sobre a verba paga a título de ajuda de custo pelo uso de veículo próprio no exercício das funções profissionais, por se tratar de verba indenizatória, não remuneratória (STJ, REsp 1.096.288, 1ª Seção, Rel. Min. Luiz Fux)

Não incide o IR sobre indenização decorrente de desapropriação, seja por necessidade (utilidade pública), seja por interesse social, visto que não representa acréscimo patrimonial (STJ, REsp 1.116.460, 1ª Seção, Rel. Min. Luiz Fux)

O abono de permanência (CF, art. 40, § 19), por ter natureza remuneratória, está sujeito à incidência do IR (STJ, AREsp 225. 144, Rel. Min. Herman Benjamin, 2ª Turma)

Os valores a serem pagos em razão de decisão judicial trabalhista que determina a reintegração do ex-empregado assumem a natureza de verba remuneratória, atraindo a incidência do IR (STJ, REsp 1.142.177, Rel. Min. Luiz Fux, 1ª Seção)

A ementa do REsp 910.262 possui um compilado de verbas indenizatórias e não indenizatórias:

> TRIBUTÁRIO – IMPOSTO DE RENDA – ART. 43 DO CTN – VERBAS: NATUREZA INDENIZATÓRIA X NATUREZA REMUNERATÓRIA
>
> 1. O fato gerador do imposto de renda é a aquisição de disponibilidade econômica ou jurídica decorrente de acréscimo patrimonial (art. 43 do CTN).
>
> 2. A jurisprudência desta Corte, a partir da análise do art. 43 do CTN, firmou entendimento de que estão sujeitos à tributação do imposto de renda, por não possuírem natureza indenizatória, as seguintes verbas:
>
> a) "indenização especial" ou "gratificação" recebida pelo empregado quando da rescisão do contrato de trabalho por liberalidade do empregador; b) verbas pagas a título de indenização por horas extras trabalhadas; c) horas extras; d) férias gozadas e respectivos terços constitucionais; e) adicional noturno; f) complementação temporária de proventos; g) décimo-terceiro salário; h) gratificação de produtividade; i) verba recebida a título de renúncia da estabilidade sindical.
>
> 3. Diferentemente, o imposto de renda não incide sobre:
>
> a) APIP's (ausências permitidas por interesse particular) ou abono-assiduidade não gozados, convertidos em pecúnia; b) licença prêmio não gozada, convertida em pecúnia; c) férias não gozadas, indenizadas na vigência do contrato de trabalho e respectivos terços constitucionais; d) férias não gozadas, férias proporcionais e respectivos

terços constitucionais, indenizadas por ocasião da rescisão do contrato de trabalho; e) abono pecuniário de férias; f) juros moratórios oriundos de pagamento de verbas indenizatórias decorrentes de condenação reclamatória trabalhista; g) pagamento de indenização por rompimento do contrato de trabalho no período de estabilidade provisória (decorrente de imposição legal e não de liberalidade do empregador). (STJ, REsp 910.262, 2ª Turma, Rel. Min. Eliana Calmon, DJ 08.10.2008)

Uma observação deve ser feita no que diz respeito aos juros de mora. Alguns doutrinadores, como Igor Mauler Santiago e Sacha Calmon, entendem que não incide imposto de renda sobre os juros moratórios, ao fundamento de que esta verba teria natureza indenizatória, sendo autônoma em relação à verba principal, pois os juros de mora não seriam fruto do capital, já que tem como pressuposto um ato ilícito (mora do devedor). O STJ chegou a decidir nesse sentido, como se pode ver no REsp 1.231.958 e AgRg no Ag 1.351.905.

A orientação que prevaleceu no STJ, contudo, foi a de que em regra incide o IR sobre os juros moratórios, havendo, contudo, duas exceções:

> **Regra-geral, incide IR sobre juros de mora** a teor do art. 16, p.ún., da L. 4.506/64 (...) **Primeira exceção: não incide IR sobre os juros de mora decorrentes de verbas trabalhistas pagas no contexto de despedida ou rescisão do contrato de trabalho** consoante o art. 6º, V, da L. 7.713/88. **Segunda exceção: são isentos do IR os juros de mora incidentes sobre verba principal isenta ou fora do campo de incidência do IR**, conforme a regra do "accessorium sequitur suum principale". (STJ, AgRg no REsp 1.348.003, J. 06/12/12)

> **Este Superior Tribunal de Justiça definiu, especificamente quanto aos juros de mora pagos em decorrência de sentenças judiciais, que, muito embora se tratem de verbas indenizatórias, possuem a natureza jurídica de lucros cessantes**, consubstanciando-se em evidente acréscimo patrimonial previsto no art. 43, II, do CTN (acréscimo patrimonial a título de proventos de qualquer natureza), **razão pela qual é legítima sua tributação pelo Imposto de Renda, salvo a existência de norma isentiva específica ou a constatação de que a verba principal a que se referem os juros é verba isenta ou fora do campo de incidência do IR** (tese em que o acessório segue o principal). (STJ, REsp 1.138.695, 1ª Seção, Rel Mauro Campbell Marques, j. 22.05.2013, julgado sob a sistemática dos recursos repetitivos)

## 9. TRIBUTAÇÃO DOS RENDIMENTOS ACUMULADOS

Como já foi observado, o imposto de renda pessoa física (IRPF) obedece ao regime de caixa, segundo o qual a renda reputa-se percebida apenas quando entregue o numerário ao beneficiário, ou depositado seu valor em conta bancária. A legislação que trata da tributação da renda das pessoas físicas é expressa a respeito, consoante a Lei 7.713/88, em seu art. 2º: O IRPF será devido, mensalmente, à medida que os rendimentos e ganhos de capital forem percebidos.

Para os rendimentos acumulados, a legislação mantém a mesma ideia:

> Lei 7.713/88, art. 12: No caso de rendimentos recebidos acumuladamente, o imposto incidirá, no mês do recebimento ou crédito, sobre o total dos rendimentos (...)

> Lei 8.134/90, art. 3º: O IR retido na fonte, de que tratam os arts. 7º e 12 da Lei 7.713/88, incidirá sobre os valores efetivamente pagos no mês

> Lei 8.541/92, art. 46: O IR incidente sobre os rendimentos pagos em cumprimento de decisão judicial será retido na fonte (...) no momento em que, por qualquer forma, o rendimento se torne disponível para o beneficiário. § 2º Quando se tratar de rendimento sujeito à aplicação da tabela progressiva, deverá ser utilizada a tabela vigente no mês do pagamento.

A aplicação do regime de caixa para os rendimentos recebidos de forma acumulada, contudo, sempre foi criticada pela maioria da doutrina. O trabalhador que recebesse um valor que atrai a aplicação da alíquota máxima, de uma vez só, em decorrência de uma decisão judicial que reconhece ter ele sido vítima da inadimplência de seu empregador em relação a determinada parcela (horas extras) acabaria sendo prejudicado duplamente: primeiro por seu empregador, que não o pagou a verba em seu tempo devido; segundo pela União que aplicou a alíquota máxima sobre aquele rendimento acumulado recebido de uma única vez, e que se fosse pago regularmente estaria sujeito a uma alíquota menor ou mesmo isento. Haveria, desse modo, uma ofensa aos princípios da isonomia e da capacidade contributiva.

A Fazenda Nacional, por outro lado, argumentava que:

- No IRPF, o legislador adotou o regime de caixa, o que justifica a tributação de rendimentos acumulados na forma do art. 12 da Lei 7.713/88;

- Pelo regime de caixa, sequer ocorreu fato gerador no período em que não foram percebidos os rendimentos, ainda que devidos fossem;

- Não há direito adquirido às alíquotas vigentes por ocasião do surgimento do direito aos rendimentos;

- O regime de caixa atende à capacidade contributiva, na medida em que só é tributado o que efetivamente ingressa para o contribuinte.

O STJ decidiu favoravelmente aos contribuintes, como se pode ver dos seguintes julgados:

> O IR não incide sobre valores pagos de uma só vez pela Administração, quando a diferença do benefício determinado na sentença não resultar em valor maior que o limite legal fixado para isenção (REsp 505.081, j. 6.4.04)

> O IR sobre benefícios pagos acumuladamente deve ser calculado de acordo com as tabelas e alíquotas vigentes à época em que os valores deveriam ter sido pagos, observando a renda auferida mês a mês pelo segurado. Não é legítima a cobrança do IR com base no montante global pago extemporaneamente (REsp 1.118.429, Repetitivo, j. 24.03.2010)

> No caso de benefício previdenciário pago em atraso e acumuladamente, não é legítima a cobrança do imposto de renda com parâmetro no montante global pago extemporaneamente. (AgRg no AREsp 300.240, j. 09.04.2013)

A questão foi resolvida pelo STF em sede de repercussão geral, no **RE 614.406** (julgado em 23.10.2014), que considerou inconstitucional o artigo 12 da Lei 7.713/88. Entendeu o Tribunal Constitucional que aqueles que receberam os valores nas épocas próprias ficaram sujeitos a certa alíquota, ou até mesmo isentos, enquanto o contribuinte prejudicado pela mora deve ir ao Judiciário e ainda se sujeitar a alíquota maior (duplamente apenado). Além disso, a capacidade contributiva não se aumenta por perceber, em uma única época, o total que se deveria ter percebido em parcelas.

## 10. ORIENTAÇÕES DA PGFN

▶ PARECER PGFN/CRJ/Nº 2123 /2011

A verba percebida a título de dano moral, por pessoa física, tem a natureza jurídica de indenização, cujo objetivo precípuo é a reparação do sofrimento e da dor da vítima ou de seus parentes, causados pela lesão de direito, razão pela qual torna-se infensa à incidência do imposto de renda, porquanto inexistente qualquer acréscimo patrimonial.

Jurisprudência pacífica do Egrégio Superior Tribunal de Justiça.

(...)

4. A Fazenda Nacional tem defendido, em juízo, violação ao art. 43, II, do CTN, sustentando que não há lei específica a conceder isenção de imposto de renda à verba percebida a título de danos morais, sendo vedada a interpretação extensiva em relação ao instituto da isenção.

5. Ocorre que o Poder Judiciário entendeu diversamente, tendo sido pacificado no âmbito do STJ que não incide imposto de renda sobre indenização por danos morais à pessoa física, uma vez que tal verba teria natureza indenizatória, cujo objetivo precípuo é a reparação do sofrimento e da dor da vítima ou de seus parentes, causados pela lesão de direito, razão pela qual torna-se infensa à incidência do imposto de renda, porquanto inexistente qualquer acréscimo patrimonial.

6. Observe-se que a referida matéria já foi julgada pelo regime previsto no art. 543-C do CPC, tendo prevalecido o entendimento ora esposado. Confira-se trecho do referido acórdão proferido no RESP 1.152.764/CE a seguir:

> PROCESSO CIVIL E TRIBUTÁRIO. RECURSO ESPECIAL REPRESENTATIVO DE CONTROVÉRSIA. ART. 543-C, DO CPC. INDENIZAÇÃO POR DANO MORAL. INCIDÊNCIA DO IMPOSTO DE RENDA. IMPOSSIBILIDADE. CARÁTER INDENIZATÓRIO DA VERBA RECEBIDA. VIOLAÇÃO DO ART. 535 DO CPC NÃO CONFIGURADA.
>
> 1. A verba percebida a título de dano moral tem a natureza jurídica de indenização, cujo objetivo precípuo é a reparação do sofrimento e da dor da vítima ou de seus parentes, causados pela lesão de direito, razão pela qual torna-se infensa à incidência do imposto de renda, porquanto inexistente qualquer acréscimo patrimonial.
>
> (Precedentes: REsp 686.920/MS, Rel. Ministra ELIANA CALMON, SEGUNDA TURMA, julgado em 06/10/2009, DJe 19/10/2009; AgRg no Ag 1021368/RS, Rel. Ministro LUIZ FUX, PRIMEIRA TURMA, julgado em 21/05/2009, DJe 25/06/2009; REsp 865.693/RS, Rel. Ministro TEORI ALBINO ZAVASCKI, PRIMEIRA TURMA, julgado em 18/12/2008, DJe 04/02/2009; AgRg no Resp 1017901/RS, Rel. Ministro FRANCISCO FALCÃO, PRIMEIRA TURMA, julgado em 04/11/2008, DJe 12/11/2008; REsp 963.387/RS, Rel. Ministro HERMAN BENJAMIN, PRIMEIRA SEÇÃO, julgado em 08/10/2008, DJe 05/03/2009; REsp 402035 / RN, 2ª Turma, Rel. Min. Franciulli Netto, DJ 17/05/2004; REsp 410347 / SC, desta Relatoria, DJ 17/02/2003).

2. In casu, a verba percebida a título de dano moral adveio de indenização em reclamação trabalhista.

3. Deveras, se a reposição patrimonial goza dessa não incidência fiscal, a fortiori, a indenização com o escopo de reparação imaterial deve subsumir-se ao mesmo regime, porquanto *ubi eadem ratio, ibi eadem legis dispositio.*

4. "Não incide imposto de renda sobre o valor da indenização pago a terceiro. Essa ausência de incidência não depende da natureza do dano a ser reparado. Qualquer espécie de dano (material, moral puro ou impuro, por ato legal ou ilegal) indenizado, o valor concretizado como ressarcimento está livre da incidência de imposto de renda. A prática do dano em si não é fato gerador do imposto de renda por não ser renda. O pagamento da indenização também não é renda, não sendo, portanto, fato gerador desse imposto.

(...)

Configurado esse panorama, tenho que aplicar o princípio de que a base de cálculo do imposto de renda (ou de qualquer outro imposto) só pode ser fixada por via de lei oriunda do poder competente. É o comando do art. 127, IV, do CTN. Se a lei não insere a "indenização", qualquer que seja o seu tipo, como renda tributável, inocorrendo, portanto, fato gerador e base de cálculo, não pode o fisco exigir imposto sobre essa situação fática.

(...)

Atente-se para a necessidade de, em homenagem ao princípio da legalidade, afastar-se as pretensões do fisco em alargar o campo da incidência do imposto de renda sobre fatos estranhos à vontade do legislador." ("Regime Tributário das Indenizações", Coordenado por Hugo de Brito Machado, Ed. Dialética, pg. 174/176)

5.O art. 535 do CPC resta incólume se o Tribunal de origem, embora sucintamente, pronuncia-se de forma clara e suficiente sobre a questão posta nos autos. Ademais, o magistrado não está obrigado a rebater, um a um, os argumentos trazidos pela parte, desde que os fundamentos utilizados tenham sido suficientes para embasar a decisão.

6. Recurso especial desprovido. Acórdão submetido ao regime do art. 543-C do CPC e da Resolução STJ 08/2008.

(REsp 1.152.764/CE, Rel. Ministro LUIZ FUX, PRIMEIRA SEÇÃO, julgado em 23/6/2010, DJe 1/7/2010)

7. O referido julgamento sintetiza o entendimento do Superior Tribunal de Justiça sobre a questão.

▶ **PARECER PGFN/CAT/Nº 2956/2009**

Imposto de renda. Conversão em pecúnia de férias. Não incidência. Atos declaratórios PGFN. Não retenção pela fonte pagadora.

(...) não haverá de ser retido na fonte os valores convertidos em pecúnia de férias integrais ou proporcionais, e de seu terço constitucional, no momento da extinção do contrato de trabalho, seja por rescisão, aposentadoria ou exoneração, seja por necessidade do serviço, seja por conveniência do servidor ou empregado.

▶ **PARECER/PGFN/CRJ/Nº 1536 /2007**

Servidores públicos estaduais e municipais. Imposto de renda. Ação de repetição de indébito tributário. Ausência de legitimidade da União para figurar no pólo passivo da relação jurídica processual. Jurisprudência consolidada do Superior Tribunal de Justiça.

Inviabilidade de compensação de quantias recolhidas indevidamente a título de IRRF do servidor público municipal ou estadual com o Imposto de Renda incidente sobre outras fontes de rendimentos ou outros tributos federais.

▶ **PARECER PGFN/CDA/Nº 1861/2007**

NOTA PGFN/PGA/nº 272/2006. Execução de ofício do Imposto de Renda na Justiça do Trabalho. Impossibilidade. Necessidade de inscrição em DAU após fiscalização e lançamento pela SRF. Art. 16, § 3º, inciso II da Lei nº 11.457/2007 e Portaria Nº 433, de 25 de abril de 2007. Desnecessidade de atuação judicial da PGF.

(…)

A Constituição Federal é clara ao descrever os casos nos quais é possível a execução de ofício pela Justiça do Trabalho, e entre eles não se encontra o Imposto de Renda, como descrito no inciso VIII do artigo 114, bem como no art. 195, I, a, e II. A Justiça do Trabalho é incompetente para executar de ofício valores devidos a título de Imposto de Renda, uma vez que não há previsão constitucional ou legal para tanto, limitando-se apenas, como forma de técnica de arrecadação prevista em lei, a determinar a comprovação dos recolhimentos pela parte obrigada pela retenção, bem como a fazer a operação aritmética e determinar que a instituição financeira proceda à retenção no caso de haver omissão por parte da fonte pagadora quanto à comprovação do recolhimento, assim como nos pagamentos de honorários periciais, ex vi do art. 28 da Lei nº 10.833/2003.

## 10. SÚMULAS DO CARF

- **Súmula CARF nº 3:** Para a determinação da base de cálculo do IRPJ e da CSLL, a partir do ano-calendário de 1995, o lucro líquido ajustado poderá ser reduzido em, no máximo, 30%, tanto em razão da compensação de prejuízo, como em razão da compensação da base de cálculo negativa

- **Súmula CARF nº 42:** Não incide o imposto sobre a renda das pessoas físicas sobre os valores recebidos a título de indenização por desapropriação.

- **Súmula CARF nº 43:** Os proventos de aposentadoria, reforma ou reserva remunerada, motivadas por acidente em serviço e os percebidos por portador de moléstia profissional ou grave, ainda que contraída após a aposentadoria, reforma ou reserva remunerada, são isentos do imposto de renda.

- **Súmula CARF nº 63:** Para gozo da isenção do imposto de renda da pessoa física pelos portadores de moléstia grave, os rendimentos devem ser provenientes de aposentadoria, reforma, reserva remunerada ou pensão e a moléstia deve ser devidamente comprovada por laudo pericial emitido por serviço médico oficial da União, dos Estados, do Distrito Federal ou dos Municípios.

## 11. QUESTÕES OBJETIVAS

**1. (ESAF – Auditor-Fiscal– RFB/2014)** Assinale a opção incorreta.

a) O Programa Nacional de Apoio à Atenção da Saúde da Pessoa com Deficiência (Pronas) suspende a exigência de Imposto sobre Produtos Industrializados incidente sobre produtos destinados à industrialização de equipamentos e aparelhos necessários à reabilitação de pessoas com deficiência, desde que cumpridas as condições legais impostas ao contribuinte.

b) Os valores percebidos a título de bolsa pela lei instituidora do Programa Mais Médicos não caracterizam contraprestação de serviços para fins tributários, ficando isentos do pagamento de Imposto de Renda da Pessoa Física.

c) Os valores percebidos a título de bolsa pela participação dos servidores das redes públicas de educação profissional nas atividades do Programa Nacional de Acesso ao Ensino Técnico e Emprego (Pronatec) não caracterizam contraprestação de serviços para fins tributários, ficando isentos do pagamento de Imposto de Renda da Pessoa Física.

d) O Regime Especial de Incentivo a Computadores para Uso Educacional (Reicomp) suspende a exigência de Imposto sobre Produtos Industrializados incidente sobre produtos destinados à industrialização de equipamentos de informática, desde que cumpridas as condições legais impostas ao contribuinte.

e) Os valores percebidos a título de bolsa pelos médicos residentes não caracterizam contraprestação de serviços para fins tributários, ficando isentos do pagamento de Imposto de Renda da Pessoa Física.

**2. (ESAF – Auditor-Fiscal– RFB/2014)** Caracteriza omissão de receita, e não mera presunção de omissão de receita, constituindo prova suficiente para o lançamento do Imposto de Renda em desfavor da pessoa jurídica:

a) falta de emissão de nota fiscal ou documento equivalente por ocasião da efetivação das vendas de mercadorias.

b) falta de escrituração de pagamentos efetuados.

c) manutenção de obrigações já pagas registradas no passivo.

d) divergência entre a quantidade de matéria-prima registrada na entrada e a soma da quantidade de mercadorias registradas na saída com os produtos em estoque.

e) diferença de valores no confronto entre a movimentação bancária contabilizada e a receita auferida registrada.

**3. (ESAF – Auditor-Fiscal– RFB/2014)** Considere a situação hipotética narrada:

"Pablo é brasileiro e vive no exterior há alguns anos, em país que tributa a renda da pessoa física em percentual muito superior à tributação brasileira. Pablo mantém fortes laços com o Brasil, para onde envia, mensalmente, os produtos artesanais por ele desenvolvidos, recebendo justa contraprestação da Jeremias Artesanato Mundial Ltda., revendedora exclusiva de sua produção, com sede no município de Salvador. Além disso, Pablo possui imóvel na cidade de Manaus, em razão do qual recebe aluguéis mensais, e presta serviços de consultoria para Matias Turismo Pantanal Ltda., empresa sediada no município de Campo Grande. Ano passado, os pais de Pablo faleceram, deixando joias e imóveis no Rio de Janeiro, tudo vendido pela sua irmã, Paola, que, em acordo com o irmão, enviou-lhe a metade da herança que lhe cabia."

De acordo com a legislação tributária em vigor, assinale a opção correta.

a) Desde que Pablo tenha quitado os tributos devidos até a data de sua saída definitiva do Brasil, deve receber todos os rendimentos acima descritos livres de Imposto de Renda, já que não é domiciliado nem residente no Brasil.

b)  Independentemente de ser ou não domiciliado ou residente no Brasil, Pablo está obrigado ao Imposto de Renda no Brasil tanto quanto e tal como aqueles cidadãos que aqui residem, por ser brasileiro e porque está auferindo riqueza produzida no Brasil.

c)  Os valores enviados por Jeremias Artesanato Mundial Ltda., em razão da venda do artesanato, assim como os valores dos aluguéis e aqueles decorrentes da prestação de serviços à Matias Turismo Pantanal S.A., que forem remetidos a Pablo no exterior, devem sofrer incidência do Imposto de Renda na fonte, ficando a remessa do quinhão da herança pertencente a Pablo dispensada do recolhimento desse tributo.

d)  Os rendimentos acima descritos que tiverem sido recebidos por Pablo após requerimento e saída definitiva e regular do País ficam todos sujeitos à tributação exclusiva na fonte a título de Imposto de Renda Pessoa Física.

e)  Deve ser retido pelas fontes o valor correspondente ao Imposto de Renda incidente sobre a herança e sobre os aluguéis, ficando os valores enviados por Jeremias Artesanato Mundial Ltda., em razão da venda do artesanato, e os enviados em razão dos serviços prestados à Matias Turismo Pantanal S.A., livres de Imposto de Renda no Brasil por não consubstanciarem rendimento de trabalho realizado neste País.

**4. (ESAF – Auditor-Fiscal– RFB/2014)** Sobre recente alteração efetuada na legislação sobre tributação de lucros auferidos no exterior por empresas controladas por pessoa jurídica investidora domiciliada no Brasil, julgue as alternativas abaixo, para então assinalar a opção correta.

I.  Os lucros auferidos por intermédio de controladas no exterior são tributados pelo regime de competência.

II.  Permite-se a utilização de prejuízo da mesma empresa no exterior para compensar lucros nos exercícios subsequentes, limitados a cinco anos.

III.  Permite-se crédito sobre tributos retidos no exterior sobre dividendos recebidos pela investidora no Brasil.

IV.  Permite-se a consolidação de lucros com prejuízos no exterior, por um período experimental de quatro anos, desde que a investida esteja localizada em país que mantenha acordo para troca de informações tributárias e não seja paraíso fiscal.

a)  Apenas I está correta.

b)  Apenas I e II estão corretas.

c)  Apenas I, II e IV estão corretas.

d) Apenas II está correta.

e) Todas as alternativas estão corretas.

**5. (ESAF – Auditor-Fiscal– RFB/2014)** Julgue os itens abaixo e, em seguida, assinale a opção correta.

I. As hipóteses legalmente previstas como distribuição disfarçada de lucros constituem presunção relativa, isto é, a pessoa jurídica pode obter a revisão da presunção se lograr comprovar que o negócio supostamente fraudulento, simulado ou inexistente foi realizado no seu interesse e em condições estritamente comutativas.

II. Se uma empresa domiciliada no Brasil obtém empréstimo de sua matriz domiciliada no exterior, poderá deduzir os juros a ela pagos, para fins de determinação do lucro real, desde que estejam de acordo com o contrato registrado no Banco Central do Brasil, não se admitindo prova de que os juros pagos são inferiores aos contratados.

III. A dedução dos custos e encargos relativos a bens importados de pessoa jurídica domiciliada no exterior para fins de determinação do lucro real está limitada a montante que não exceda o preço determinado pela aplicação de um dos métodos previstos em lei para determinação dos preços de transferência, sob pena de o excedente ser adicionado ao lucro líquido, para determinação do lucro real da pessoa jurídica domiciliada no Brasil.

IV. Se o preço médio dos bens exportados por empresa domiciliada no Brasil a pessoa controlada domiciliada no exterior for superior ao preço médio praticado na venda dos mesmos bens no mercado interno, considerando havida identidade de períodos e similaridade de condições de pagamento, a receita assim auferida fica sujeita a arbitramento, presumindo-se que os preços foram manipulados.

a) Apenas os itens I e II estão corretos.

b) Apenas o item IV está errado.

c) Apenas os itens II, III e IV estão errados.

d) Apenas os itens I, III e IV estão corretos.

e) Apenas o item III está errado.

**6. (ESAF – Auditor-Fiscal– RFB/2014)** Considere a situação hipotética narrada:

"Em decorrência de condenação transitada em julgado em seu favor, em 2012, pela Justiça Federal, Maria Lúcia recebeu, em 2013, quantia relativa ao pagamento de pensões que deveria ter recebido durante os meses de junho de 2008 a julho de 2011."

De acordo com a legislação tributária, assinale a opção correta.

a) Maria Lúcia deve ter sofrido retenção relativa ao Imposto de Renda incidente sobre essa quantia, mediante aplicação da alíquota vigente no mês de pagamento e correspondente à faixa equivalente ao total recebido, dividido pelo número de meses em atraso, acrescendo-se atualização monetária contada de cada competência vencida até o dia do pagamento, respeitadas as faixas de isenção.

b) Maria Lúcia deve declarar esse rendimento na sua Declaração de Ajuste Anual em 2014, momento a partir do qual o tributo se torna exigível, mantido seu direito adquirido a pagar o Imposto de Renda incidente sobre essa quantia proporcionalizado entre os anos de 2014 a 2017, de modo a compensá-la pelo atraso no recebimento da verba devida desde 2008.

c) Maria Lúcia não está obrigada a pagar Imposto de Renda sobre essa quantia, por se tratar de verba com natureza indenizatória e, portanto, não tributável.

d) Maria Lúcia deve ter sofrido retenção do Imposto de Renda no momento do recebimento dessa quantia, calculado mediante utilização de tabela progressiva, resultante da multiplicação da quantidade de meses relativos à pensão em atraso pelos valores constantes da tabela progressiva mensal correspondente ao mês de recebimento.

e) Maria Lúcia não está obrigada a pagar Imposto de Renda sobre a parte dessa quantia que corresponder à pensão que deveria ter recebido no ano de 2008, porque sobre ela ocorreu a decadência do direito da União.

**7. (Vunesp – Procurador Município – Prefeitura São Paulo – SP/2014)** Determina a Constituição Federal que, sempre que possível, os impostos terão caráter pessoal e serão graduados segundo a capacidade econômica do contribuinte, facultado à administração tributária, especialmente para conferir efetividade a esses objetivos, identificar, respeitados os direitos individuais e nos termos da lei, o patrimônio, os rendimentos e as atividades econômicas do contribuinte. Referida determinação reflete um princípio que, por seu turno, é corolário do princípio tributário da

(A) imposição do efeito confiscatório.

(B) isonomia tributária.

(C) anterioridade.

(D) irretroatividade.

(E) parafiscalidade.

**8. (ESAF – Procurador da Fazenda Nacional/2012)** Sobre o Imposto sobre a Renda e Proventos de qualquer Natureza, julgue os itens a seguir, para então assinalar a opção que corresponda às suas respostas.

I. Como renda deve-se entender a aquisição de disponibilidade de riqueza nova, na forma de um acréscimo patrimonial, ao longo de um determinado período de tempo.

II. Tanto a renda quanto os proventos de qualquer natureza pressupõem ações que revelem mais-valias, isto é, incrementos na capacidade contributiva.

III. Limitações temporais ou quantitativas com relação às despesas e provisões não necessariamente guardam estrita compatibilidade com a teoria do acréscimo patrimonial e com a atividade do contribuinte.

IV. Embora haja diversas teorias que se destinem a delinear o conceito de renda, em todas prevalece a ideia de que haja a necessidade de seu confronto com o conjunto de desembolsos efetivados relativamente ao conjunto das receitas.

V. Pode-se afirmar, a partir de alguns julgados do Supremo Tribunal Federal, que o conceito legalista/fiscalista de renda, assim considerado aquilo que a legislação do imposto de renda estabelecer que é, está ultrapassado.

Estão corretos apenas os itens:

a) II, IV e V.

b) I, II e III.

c) II, III, IV e V.

d) I, II, IV e V.

e) todos os itens estão corretos.

**9. (FMP – Procurador do Estado – AC/ 2012)** Assinale a alternativa **incorreta.**

A) O IPI (Imposto sobre Produtos Industrializados) não está sujeito ao princípio da anterioridade tributária anual, mas se submete ao princípio da anterioridade tributária nonagesimal.

B) O IOF (Imposto sobre operações de Crédito, Câmbio, Seguro, Títulos e Valores Mobiliários) pode, nos limites da lei, ter suas alíquotas alteradas por ato do Poder Executivo.

C) O IR (Imposto sobre a Renda e Proventos de qualquer natureza) está sujeito ao princípio da anterioridade tributária anual, mas não se submete ao princípio da anterioridade tributária nonagesimal.

D) O II (Imposto sobre a Importação) é de competência da União Federal, mas poderá, nas hipóteses previstas na Constituição Federal, ser cobrado e fiscalizado pelos Estados-membros que se situam nas fronteiras do território nacional.

**10. (FURMARC – Procurador do Estado – MG/ 2012)** Assinale a alternativa em que a progressividade tributária, retratada na Constituição Federal, se revela corretamente:

A) O imposto predial e territorial urbano (IPTU|) poderá, se progressivo, ter caráter fiscal ou extra fiscal;

B) A progressividade do imposto territorial rural (ITR) tem caráter fiscal;

C) O Senado Federal poderá fixar alíquotas progressivas para o imposto de veículos automotores (IPVA);

D) Há previsão expressa para progressividade do imposto causa mortis e doação, de quaisquer bens ou direitos (ITCD);

E) A progressividade do imposto de renda (IR) tem caráter extrafiscal.

**11. (ESAF – Auditor-Fiscal– RFB/2009)** Analise os itens a seguir, classificando-os como verdadeiros (V) ou falsos (F). Em seguida, escolha a opção adequada às suas respostas:

I. de acordo com a Constituição Federal, o imposto sobre a renda e proventos de qualquer natureza será informado pela generalidade, universalidade e progressividade, na forma da lei. Pode-se afirmar que o critério da progressividade decorre dos princípios da igualdade e da capacidade contributiva, na medida em que contribuintes com maiores rendimentos sejam tributados de modo mais gravoso do que aqueles com menores rendimentos;

II. a Constituição estabelece expressamente que o imposto sobre a renda será progressivo, enquanto o imposto sobre a propriedade imobiliária poderá ser progressivo;

III. a Constituição traça uma dupla progressividade para o IPTU, quais sejam, progressividade em razão do imóvel e em razão do tempo;

IV. o princípio da capacidade contributiva não possui significado muito importante para o IPTU, visto que este tributo se caracteriza por ser um imposto real, sem relação com as características pessoais do sujeito passivo.

a) Estão corretos somente os itens I e III.

b) Estão corretos somente os itens I, II e IV.

c) Estão corretos somente os itens I e II.

d) Estão corretos somente os itens II e IV.

e) Todos os itens estão corretos.

**12. (ESAF – Auditor-Fiscal– RFB/2009)** Considerando a publicação de norma, em 15 de dezembro de 2009, visando à majoração de tributo, sem disposição expressa sobre a data de vigência, aponte a opção correta.

a) Tratando-se de imposto sobre a renda e proventos de qualquer natureza, poderá ser editada lei ordinária, produzindo efeitos financeiros a partir de 1o de janeiro de 2010.

b) Tratando-se de imposto sobre produtos industrializados, poderá ser expedido decreto presidencial, produzindo efeitos financeiros a partir de sua publicação.

c) Tratando-se de imposto sobre a propriedade territorial rural, poderá ser editada medida provisória, produzindo efeitos financeiros noventa dias após a sua publicação.

d) Tratando-se de imposto sobre importação, poderá ser expedido decreto presidencial, produzindo efeitos financeiros noventa dias após a sua publicação.

e) Tratando-se de contribuição social, poderá ser editada medida provisória, produzindo efeitos financeiros a partir de 1o de janeiro de 2011, caso não tenha sido convertida em lei no mesmo exercício financeiro em que tenha sido publicada.

**13. (PUC – Procurador do Município – Prefeitura Curitiba-PR/2007)** Sobre as limitações do poder de tributar assinale a alternativa correta:

A) A Constituição prevê o princípio da legalidade ao estabelecer não ser possível cobrar tributos no mesmo exercício financeiro em que haja sido publicada a lei que os instituiu ou aumentou.

B) A Constituição prevê o princípio da anterioridade tributária ao estabelecer que não é possível cobrar tributos em relação a fatos geradores ocorridos antes do início da vigência da lei que os houver instituído ou aumentado.

C) O princípio da anterioridade tributária não se aplica ao imposto de exportação, mas se aplica ao imposto sobre a renda.

D) Somente os Estados-membros podem instituir tributos sobre templos de cultos, e desde que respeitem os princípios da legalidade tributária, da anterioridade e da igualdade.

E) Os serviços vinculados às atividades essenciais de autarquia Estadual estão sujeitos à incidência de imposto sobre serviços instituído pelo Município.

**14. (MPF – Procurador da República – 2015)** IR INCIDENTE SOBRE RECEBIMENTO, EM ATRASO, DE DIFERENÇA VENCIMENTAL DECORRENTE DE DISCUSSÃO JUDICIAL EM TORNO DO PRÓPRIO DIREITO AO PAGAMENTO. É CERTO AFIRMAR:

a) O IR deve ser apurado consoante o regime de competência, sob pena de violação dos princípios da legalidade, da isonomia e da capacidade contributiva;

b) É lícito a Fazenda Nacional reter o IR sobre o valor integral, eis que o fato gerador surge com a disponibilidade do recebimento da verba atrasada;

c) A incidência de IR sobre verbas recebidas cumuladamente deve observar o regime de caixa, a vista dos rendimentos efetivamente percebidos;

d) A retenção, pela Fazenda Nacional, do IR de forma integral somente tem cabimento sobre a parcela dos juros moratórios, que são calculados a final.

| GABARITO | | | | | | |
|---|---|---|---|---|---|---|
| 1 – A | 2 – A | 3 – C | 4 – E | 5 – C | 6 – D | 7 – B |
| 8 – D | 9 – D | 10 – A | 11 – C | 12 – A | 13 – C | 14 – A |

## 12. QUESTÃO DISCURSIVA

### (ESAF – PFN – Procurador da Fazenda Nacional – 2012)

A empresa B, residente e domiciliada no Brasil, está inconformada com a tributação brasileira, especialmente depois de descobrir que, nos termos do art. 74 da Medida Provisória n. 2.158-35, de 24 de agosto de 2001, os lucros decorrentes do investimento que ela realizou na sua empresa controlada Z, domiciliada no exterior, precisamente no País Z, devem passar a compor a base de cálculo do Imposto de Renda da Pessoa Jurídica (IRPJ), a partir da data do balanço no qual tiverem sido apurados pela empresa Z. No entender da empresa B, ao veicular essas normas jurídicas, a legislação brasileira:

a) invade a soberania do País Z, porque desconsidera a personalidade jurídica da empresa Z, domiciliada naquele país;

b) é contrária ao art. 43 do Código Tributário Nacional, porque tributa um lucro não distribuído à empresa B;

c) ofende a Constituição Federal, já que a mesma riqueza será tributada duas vezes, quais sejam, no País Z e no Brasil.

Como Procurador da Fazenda Nacional, defenda a legislação brasileira, apresentando fundamentos jurídicos que a livre das acusações levantadas pela empresa B.

▶ RESPOSTA DO AUTOR:

A tributação dos lucros da empresa brasileira (B) decorrentes de investimentos realizados em empresa controlada estrangeira domiciliada no exterior (X) não invade a soberania do País Z, pois referido lucro pertence à empresa brasileira, ainda que tenha origem fora do Brasil. Isso porque a tributação do imposto de renda não é, nos dias atuais regidas pelo princípio da territorialidade, vigendo atualmente a tributação em bases universais, que se coaduna com o princípio da universalidade do imposto de renda. Tampouco há que se falar em desconsideração da personalidade jurídica da empresa Z, pois o acréscimo patrimonial a ser tributado pertence à empresa B, desde a data do balanço.

Também não há contrariedade ao artigo 43 do Código Tributário Nacional, pois este leva em conta, para efeitos da incidência do imposto de renda, a disponibilidade jurídica, e não a financeira. Desse modo, o fato de o lucro não ter sido distribuído à empresa B não representa empecilho à sua tributação, pois o acréscimo patrimonial da empresa B constata-se na data do balanço, já que a legislação adota o regime de competência para o imposto de renda, e não o regime de caixa. Além disso, o § 2º do artigo 43 do CTN preceitua que a lei (ou medida provisória, que possui o mesmo status da lei ordinária) estabelecerá as condições e o momento em que se dará a disponibilidade de receita ou rendimento oriundos do exterior, e nesse ponto a medida provisória questionada apenas cumpriu o comando da lei complementar.

Por fim, a referida tributação não ofende a Constituição Federal, mas pelo contrário a realiza, já que protege a economia interna e o interesse nacional (CF, art. 172) ao tornar menos atraente os investimentos no exterior. Outra impropriedade nos argumentos da empresa B é que não há dupla tributação no presente caso, já que o tributo é cobrado de pessoas diferentes, o que já impede a identidade da exação. Ressalte-se ainda que a legislação brasileira, ao tratar dos ganhos de capital auferidos no exterior (artigos 25, 26 e 27 da Lei n. 9.249/95) permite a compensação do imposto de renda incidente sobre os lucros auferidos no exterior com o imposto de renda incidente no Brasil.

| CRITÉRIO DE CORREÇÃO DA BANCA | |
|---|---|
| **A** | **0 – 2.5** |
| **A.1 – Fundamentação de que não há desrespeito à soberania do país Z nem desconsideração da personalidade jurídica de Z (sujeição passiva da empresa B, patrimônio titularizado pela empresa B).** | 0.2 |
| **A.2 – Tributação em bases universais** | **0 – 0.5** |

| B | 0 – 2.5 |
|---|---|
| B.1 – Fundamentação de que pode haver incidência antes da distribuição do lucro (critério material e temporal) | 0 – 2.0 |
| B.2 – Autorização expressa do §2º do art. 43 do CTN | 0 – 0.5 |
| C | 0 – 2.0 |
| C.1 – Não há proibição na CF (a CF não pode se sobrepor à legislação de outro país e não há identidade de hipóteses de incidência: os critérios pessoal e material são diversos) | 0 – 1.0 |
| C.2 – A questão enseja tratado internacional mas, no caso brasileiro, é resolvida pela legislação interna. Art. 26 da Lei nº 9.249, de 1995. | 0 – 1.0 |

## 13. REVISÃO DO CAPÍTULO – PERGUNTAS E RESPOSTAS

▶ **Pergunta-se: apesar de o IR ser tido pela doutrina como um imposto fiscal por excelência, é possível considerar que ele também pode possuir uma função extrafiscal?**

Sim. Por mais que o IR seja classificado como um tributo fiscal, ainda assim, não deixa de ter uma feição extrafiscal, na medida que a arrecadação feita dos mais abastados, que se sujeitam às maiores alíquotas, deve, ao menos em tese, beneficiar aqueles que não são sequer tributados, por se encontrarem na faixa de isenção. Ainda que a maior função do IR seja arrecadatória, não é menos verdade que também funciona como um instrumento de distribuição de renda.

Como já decidiu o STJ, "qualquer imposto, direto ou indireto, pode, em maior ou menor grau, ser utilizado para atingir fim que não se resuma à arrecadação de recursos para o cofre do Estado. **Ainda que o Imposto de Renda se caracterize como um tributo direto, com objetivo preponderantemente fiscal, pode o legislador dele se utilizar para a obtenção de uma finalidade extrafiscal.**" (STJ, REsp 951.251, Rel. Min. Castro Meira, 1ª Seção, DJe 03.06.2009).

▶ **Pergunta-se: qual a diferença entre renda e proventos?**

O conceito constitucional de renda, para fins do IR, está necessariamente ligado a um **acréscimo patrimonial**. Essa renda pode advir do capital (aplicação financeira, por exemplo), do trabalho (remuneração por um serviço prestado, salário etc.) ou da combinação de ambos, conforme o art. 43, I do CTN. A renda tributada pelo IR é uma riqueza nova, um resultado obtido após a dedução das despesas realizadas para a sua obtenção.

Já os proventos são definidos, pelo art. 43, II, do CTN, por exclusão, como os acréscimos patrimoniais não compreendidos no conceito de renda.

A doutrina ensina que os proventos se contrapõem ao conceito de renda por representarem rendimentos obtidos em razão da inatividade, como por exemplo a aposentadoria, a pensão ou ainda as doações. Ainda se considera proventos os acréscimos patrimoniais oriundos de atividades ilícitas ou de fontes não identificadas, pois também se classificam como acréscimos patrimoniais que não se original do capital, do trabalho, ou da combinação de ambos.

▶ **Pergunta-se: qual a diferença entre disponibilidade econômica e disponibilidade jurídica?**

A **disponibilidade econômica** guarda a noção de recebimento de um valor, de um acréscimo patrimonial consistente na faculdade de usar e dispor de uma quantia. A **disponibilidade jurídica**, por sua vez, significa a aquisição de um direito de crédito (títulos de crédito como cheque e nota promissória são bons exemplos), não sujeito a condição suspensiva. Nesse último caso, Hugo de Brito Machado (2005, p. 317) ensina que não basta ser credor da renda se esta não está disponível.

▶ **Pergunta-se: existe identidade entre disponibilidade econômica e disponibilidade financeira?**

A resposta tende a ser negativa. A disponibilidade econômica não se confunde com a disponibilidade financeira, pois, como ensina o didático julgado do STJ, "**não se deve confundir disponibilidade econômica com disponibilidade financeira** da renda ou dos proventos de qualquer natureza. Enquanto esta última se refere à imediata utilidade da renda, a segunda está atrelada ao simples acréscimo patrimonial, independentemente da existência de recursos financeiros. Não é necessário que a renda se torne efetivamente disponível (disponibilidade financeira) para que se considere ocorrido o fato gerador do imposto de renda, limitando-se a lei a exigir a verificação do acréscimo patrimonial (disponibilidade econômica)" (STJ, REsp 983.134, Rel Min. Castro Meira, 2ª Turma, julgado em 04/2008, grifado pelo autor).

▶ **Pergunta-se: o que seria fato gerador complexivo? E porque a doutrina costuma classificar o IR como um imposto de fato gerador complexivo?**

Esta noção está ligada ao **elemento temporal** do IR. A doutrina majoritária classifica o **fato gerador do IR** como **periódico ou complexivo**, uma vez que seu processo de formação ocorre ao longo de um determinado período, considerando-se vários fatos que, somados, compõem o fato gerador para efeitos legais.

O STJ já adotou essa classificação, ao decidir que **o fato gerador do Imposto de Renda realiza-se no decorrer do ano-base ao qual se refere sua declaração (ato complexo)**. Ou seja, não ocorre ele no último dia do exercício financeiro em relação ao qual deve o contribuinte realizar a apuração do eventual quantum devido. É no transcorrer do ano de referência que se verificam as disponibilidades econômicas e jurídicas que justificam a tributação da renda; podendo, por conseguinte, ser ela antecipada, de forma que sua apuração final poderá ser postergada para o ano seguinte. (STJ, AgRg no REsp 281.088, Rel. Min. Humberto Martins, 2ª Turma, julgado em 06/2007, grifado pelo autor).

# Capítulo 5

# IOF

**SUMÁRIO** • 1. Noções Gerais e Características; 2. Fato gerador; 3. Contribuinte; 4. Base de cálculo e alíquotas; 5. Lançamento; 6. IOF sobre o ouro como ativo financeiro ou instrumento cambial; 7. Orientações da PGFN; 8. Questões objetivas; 9. Questões discursivas; 10. Revisão do capítulo – Perguntas e respostas.

## 1. NOÇÕES GERAIS E CARACTERÍSTICAS

O imposto sobre operações de crédito, câmbio e seguro, ou relativas a títulos ou valores mobiliários tem sua previsão constitucional no art. 153, V da CF, sendo a União o ente competente para sua instituição.

Em que pese ser comumente denominado de imposto sobre operações financeiras, **na verdade a Constituição não se refere à expressão "operações financeiras"** para delimitar o aspecto material da exação. De fato, não existe um imposto sobre operações financeiras, mas sim quatro (ou até cinco, a se considerar o art. 150, § 5º da CF) impostos, cada um com uma materialidade bem definida e inconfundível com as demais.

A doutrina alerta para esse fato:

> "O art. 153, V, da CF outorga competência à união para a instituição de imposto sobre operações de crédito, câmbio e seguro, ou relativas a títulos ou valores mobiliários. Vê-se, de pronto, que não se trata de uma única base econômica outorgada à tributação, mas de quatro bases econômicas: 1) operações de crédito, 2) operações de câmbio, 3) operações de seguro e 4) operações relativas a títulos ou valores mobiliários. A CF não prevê a base econômica 'operações financeiras'. Assim, embora seja corrente a utilização da locução 'Imposto sobre Operações Financeiras – IOF' para designar os impostos instituídos com suporte na competência outorgada pelo art. 153, V, da CF, tal locução é absolutamente inapropriada. Isso porque induz ao entendimento de que haveria um imposto sobre operações financeiras quando, em verdade, tal inexiste. O que há, sim, são quatro bases econômicas distintas e que sequer podem ser precisamente

> subsumidas na locução operações financeiras, quais sejam, as operações de crédito, as operações de câmbio, as operações de seguro e as operações relativas a títulos ou valores mobiliários. O chamado IOF, em verdade, são vários impostos sobre bases econômicas distintas, todos com suporte no art. 153, V, da CF." (PAULSEN e MELO, 2012, p. 144-145)

Desse modo, o critério material do IOF abrange as seguintes hipóteses de incidência:

a) operações de crédito;

b) operações de câmbio;

c) operações de seguro;

d) operações relativas a títulos ou valores mobiliários;

e) operações com ouro, quando definido em lei como ativo financeiro ou instrumento cambial (art. 150, § 5º da CF).

O IOF tem função preponderantemente **extrafiscal**, uma vez que serve como instrumento da União para regular o mercado financeiro. Segundo Hugo de Brito Machado:

> "Efetivamente, o IOF é muito mais um instrumento de manipulação da política de crédito, câmbio e seguro, assim como de títulos e valores mobiliários, do que um simples meio de obtenção de receitas, embora seja bastante significativa a sua função fiscal, porque enseja a arrecadação de somas consideráveis" (MACHADO, 2005, p. 339).

Regina Helena Costa também esclarece a função extrafiscal do IOF:

> "Desse modo, a União tem a seu dispor eficiente instrumento destinado a moldar a conduta dos investidores no mercado financeiro, por razões de interesse público, podendo estimular a aplicação de recursos em certos investimentos mediante a concessão de isenção ou instituição de alíquotas baixas (poupança, por exemplo), como também estabelecer alíquotas elevadas a outros investimentos, inibindo sejam-lhes vertidos recursos em demasia" (COSTA, 2014, p. 372)

É também classificado como um **imposto direto**, pois quem suporta o ônus econômico da tributação é o próprio contribuinte, não havendo transferência do encargo financeiro para um terceiro.

Por ser extrafiscal, **a Constituição permite ao Poder Executivo alterar as alíquotas do IOF**, desde que atendidas as condições e os limites estabelecidos em lei (art. 153, § 1º da CF). Da mesma forma que no II e no IE, estudados anteriormente, e no IPI, a ser estudado no próximo capítulo, temos aqui uma mitigação do princípio da legalidade tributária.

▶ **Tal alteração das alíquotas do IOF pode ser feita apenas por decreto do Presidente da República?**

A resposta é negativa. O STJ entende que é possível a alteração de alíquota do IOF por meio de **portarias interministeriais** (REsp 1.123.249, Rel. Min. Eliana Calmon, 2ª Turma, j. 17.11.2009).

Mais uma vez vale a observação de que apenas as alíquotas podem ser alteradas pelo Poder Executivo, para ajustar o imposto aos objetivos da política monetária. A base de cálculo só pode ser alterada por lei, uma vez que a CF não recepcionou o art. 65 do CTN que permite a alteração da base de cálculo por ato infralegal.

Também seguindo o regime dos outros impostos federais extrafiscais, **o IOF não deve obediência ao princípio da anterioridade, seja a de exercício, seja a nonagesimal** (art. 150, § 1º da CF).

## 2. FATO GERADOR

Segundo o art. 63 do CTN, o imposto, de competência da União, sobre operações de crédito, câmbio e seguro, e sobre operações relativas a títulos e valores mobiliários tem como fato gerador:

I– quanto às operações de crédito, a sua efetivação pela entrega total ou parcial do montante ou do valor que constitua o objeto da obrigação, ou sua colocação à disposição do interessado;

II – quanto às operações de câmbio, a sua efetivação pela entrega de moeda nacional ou estrangeira, ou de documento que a represente, ou sua colocação à disposição do interessado, em montante equivalente à moeda estrangeira ou nacional entregue ou posta à disposição por este;

III – quanto às operações de seguro, a sua efetivação pela emissão da apólice ou do documento equivalente, ou recebimento do prêmio, na forma da lei aplicável;

IV – quanto às operações relativas a títulos e valores mobiliários, a emissão, transmissão, pagamento ou resgate destes, na forma da lei aplicável.

A incidência definida no inciso I exclui a definida no inciso IV, e reciprocamente, quanto à emissão, ao pagamento ou resgate do título representativo de uma mesma operação de crédito (parágrafo único do art. 63).

Em relação às materialidades do fato gerador do IOF, Eduardo Sabbag ensina que:

"O elemento material do fato gerador é a operação de crédito, câmbio, seguro ou com títulos e valores mobiliários. Isso significa que, para ocorrer o fato gerador, deve haver uma operação respectiva. Exemplo: a 'posse' de um título mobiliário não é fato gerador do imposto, uma vez que a operação com o título é que corresponde à tipologia do fato jurígeno (transmissão, resgate, pagamento, etc.)" (SABBAG, 2010, p. 1.032)

Expliquemos agora cada uma das hipóteses de incidência descritas acima.

**I – Operações de crédito.**

Aqui, o fato gerador é a efetivação da operação de crédito pela entrega total ou parcial do montante ou do valor que constitua o objeto da obrigação, ou sua colocação à disposição do interessado.

Operação de crédito é aquela em que uma das partes se obriga a uma prestação futura, enquanto a outra, credora da prestação futura, tem como obrigação a entrega de bens ou direitos presentes. O exemplo mais corriqueiro é o empréstimo de dinheiro.

Para o STJ, também são abrangidas por esse conceito as operações realizadas ao abrigo de contrato de conta corrente entre empresas coligadas com a previsão de concessão de crédito (REsp 1.239.101, Rel. Min. Mauro Campbell Marques, 2ª Turma).

Da mesma forma, o STJ também já decidiu que o IOF incide sobre contratos de mútuo firmados por empresas na condição de integrante de um mesmo grupo econômico com o objetivo de redirecionar os recursos financeiros obtidos pelas financeiras (REsp 522.294, Rel. Min. Eliana Calmon, 2ª Turma).

**O saque efetuado em caderneta de poupança pode ser equiparado à operação de crédito?**

De acordo com a doutrina e com a jurisprudência, **não se pode classificar como operação de crédito um mero saque efetuado em caderneta de poupança**. Embora o art. 1ª, V, da Lei 8.033/1990 tenha definido o saque efetuado em caderneta de poupança como uma das hipóteses de incidência do IOF, o Supremo Tribunal Federal declarou a inconstitucionalidade desse dispositivo, sob o fundamento de que **o saque em conta de poupança não representa uma promessa de prestação futura**:

> TRIBUTÁRIO. IOF SOBRE SAQUES EM CONTA DE POUPANÇA. LEI Nº 8.033, DE 12.04.90, ART. 1º, INCISO V. INCOMPATIBILIDADE COM O ART. 153, V, DA CONSTITUIÇÃO FEDERAL. O saque em conta de

poupança, por não conter promessa de prestação futura e, ainda, porque não se reveste de propriedade circulatória, tampouco configurando título destinado a assegurar a disponibilidade de valores mobiliários, não pode ser tido por compreendido no conceito de operação de crédito ou de operação relativa a títulos ou valores mobiliários, não se prestando, por isso, para ser definido como hipótese de incidência do IOF, previsto no art. 153, V, da Carta Magna. Recurso conhecido e improvido; com declaração de inconstitucionalidade do dispositivo legal sob enfoque. (RE 232.467, Rel. Min. Ilmar Galvão, Tribunal Pleno, j. 29/09/1999, DJ 12/02/2000)

Esse entendimento foi cristalizado na **súmula 664 do STF**, segundo a qual é inconstitucional o inciso V do art. 1º da lei 8.033/1990, que instituiu a incidência do imposto nas operações de crédito, câmbio e seguros – IOF sobre saques efetuados em caderneta de poupança.

> ► **ATENÇÃO!!!!**
>
> **A orientação acima citada do STF costuma ser cobrada em provas objetivas de concursos públicos, como se pode ver da assertiva considerada correta pelo CESPE no concurso para o cargo de Promotor de Justiça do Piauí em 2012:**
>
> ✓ **"O saque em caderneta de poupança não atrai a incidência do imposto sobre operações de crédito, câmbio e seguro, nem sobre operações relativas a títulos e valores mobiliários, visto que a referida operação não se enquadra em seu fato gerador."**

Da mesma forma, não incide o imposto sobre operações financeiras nos depósitos judiciais (súmula 185 do STJ). A incidência do IOF sobre depósitos judiciais não está prevista na Lei 8.033/90, sendo uma criação da Instrução Normativa 62/1990, do diretor do Departamento da Receita Federal, o que configura uma ofensa ao princípio da legalidade tributária.

Justamente por isso, o STJ decidiu que o princípio da legalidade não autoriza a incidência do IOF na liberação de depósitos judiciais para garantia da instância. Tais procedimentos não são operações financeiras para fins de tributação (STJ, REsp 226.027, Rel. Min. José Delgado, 1ª Turma).

## II – Operações de câmbio

Hugo de Brito Machado conceitua operação de câmbio da seguinte forma:

> "Operação de câmbio é a troca de moedas. Não de uma moeda que se extingue e outra que se cria, ou se restabelece, mas de uma

por outra moeda, ambas com existência e valor atuais." (MACHADO, 2005, p. 341)

O fato gerador do IOF nas operações de câmbio é a entrega de moeda nacional ou estrangeira, ou de documento que a represente, ou sua colocação à disposição do interessado, em montante equivalente à moeda estrangeira ou nacional entregue ou posta à disposição por este.

> **▶ ATENÇÃO!!!!**

**O conceito de operações de câmbio já foi cobrado no concurso de Auditor Fiscal da Receita Federal, como se pode ver da assertiva considerada correta pela ESAF em 2009:**

✓ **"Operações de câmbio são negócios jurídicos de compra e venda de moeda estrangeira ou nacional, ou, ainda, os negócios jurídicos consistentes na entrega de uma determinada moeda a alguém em contrapartida de outra moeda recebida."**

## III – Operações de seguro

O Código Civil descreve o contrato de seguro em seu artigo 757: "Pelo contrato de seguro, o segurador se obriga, mediante o pagamento do prêmio, a garantir interesse legítimo do segurado, relativo a pessoa ou a coisa, contra riscos predeterminados".

Segundo Flávio Tartuce,

> "constitui um típico contrato aleatório, pois o risco é fator determinante do negócio em decorrência da possibilidade de ocorrência do sinistro, evento futuro e incerto com o qual o contrato mantém relação" (TARTUCE, 2010, p. 572)

Nas operações de seguro, o fato gerador do IOF ocorre com a emissão da apólice ou do documento equivalente, ou recebimento do prêmio, na forma da lei aplicável.

O art. 18 do Decreto 6.306/07, em seu art. 18, define o fato gerador do IOF nas operações de seguro como o recebimento do prêmio. Em seu parágrafo primeiro, explicita que a expressão operações de seguro compreende seguros de vida e congêneres, seguro de acidentes pessoais e do trabalho, seguros de bens, valores, coisas e outros não especificados.

Houve certa discussão sobre a incidência do ICMS ou do IOF sobre a alienação de salvados de sinistros pelas seguradoras.

Inicialmente, o STJ entendia que os salvados resultantes de sinistros eram tributáveis pelo ICMS, pois as operações de vendas feitas pelas seguradoras eram feitas com habitualidade. A súmula 152 do STJ era expressa a respeito: "Na venda pelo segurador, de bens salvados de sinistros, incide o ICMS".

O próprio STJ, contudo, cancelou a referida súmula, entendendo que **a alienação, pelas seguradoras, de bens salvados de sinistros integra a operação de seguro** (REsp 72.204, Rel. Min. João Otávio de Noronha, 1ª Seção).

O STF perfilha o mesmo entendimento, tendo inclusive editado a **súmula vinculante 32**: "O ICMS não incide sobre alienação de salvados de sinistros pelas seguradoras".

Assim, **para o STJ e para o STF**, não compete aos Estados, mas à União tributar a alienação de salvados, que se integra à operação de seguro (CF, art. 153, V).

> ▶ **ATENÇÃO!!!!**

**O tema acima foi cobrado no concurso para Auditor Fiscal do Tesouro Estadual do Rio de Janeiro em 2012, como se vê da assertiva considerada incorreta pela FGV:**

✔ **"Constitui(em) fato gerador do ICMS as operações de qualquer natureza de que decorra a transferência de bens móveis salvados de sinistro para companhias seguradoras."**

## IV – Operações relativas a títulos e valores mobiliários

Nesse caso, tem-se como fato gerador a emissão, transmissão, pagamento ou resgate destes, na forma da lei aplicável.

Nas lições de Hugo de Brito Machado,

> "Operação relativa a títulos e valores mobiliários é aquela que implica transferência de propriedade desses títulos. Por títulos ou valores mobiliários se há de entender os papéis representativos de bens ou direitos. Podem representar direitos de propriedade de bens, como acontece com os títulos de participação societária, que corporificam parcelas do direito de propriedade sobre o patrimônio social, ou direitos de crédito, como acontece com os papéis relativos a financiamentos" (MACHADO, 2005, p. 341)

Podem ser enumerados, exemplificativamente, os seguintes títulos e valores mobiliários: letras do Tesouro Nacional (títulos públicos), ações, títulos de capitalização, letras de câmbio, contratos de investimento coletivo e fundos de investimento.

A respeito dessa materialidade, o Plenário do STF decidiu, sob a sistemática de repercussão geral, que é constitucional a incidência do imposto sobre transmissão de ações de companhias abertas e das consequentes bonificações emitidas (**RE 583.712**). A corte fundamentou sua decisão no fato de que a tributação de um negócio jurídico, que tivesse por objeto ações e respectivas bonificações, inserir-se-ia na competência tributária atribuída à União no âmbito do Sistema Tributário Nacional, para fins de instituir imposto sobre operações relativas a títulos ou valores mobiliários. Não haveria espaço, portanto, para alegações de que a exação incidiria sobre o patrimônio, a titularidade das ações, pois **a incidência se daria em relação ao negócio jurídico que envolvesse a transferências dos ativos**.

## 3. CONTRIBUINTE

O CTN, em seu art. 66, dispõe sobre o contribuinte do IOF como qualquer das partes na operação tributada, como dispuser a lei.

Desse modo, o contribuinte será diferente conforme a espécie de operação tributada.

No caso das **operações de crédito,** o art. 4º do Decreto 6.306/07 define os contribuintes do IOF como as **pessoas físicas ou jurídicas tomadoras de crédito**. Já no caso de alienação de direitos creditórios resultantes de vendas a prazo a empresas de *factoring*, contribuinte é o alienante pessoa física ou jurídica (parágrafo único).

Aqui vale uma importante observação.

De acordo com o artigo 58 da Lei 9.532/97, a pessoa física ou jurídica que alienar, à empresa que exercer as atividades de *factoring*, direitos creditórios resultantes de vendas a prazo, sujeita-se à incidência IOF às mesmas alíquotas aplicáveis às operações de financiamento e empréstimo praticadas pelas instituições financeiras.

O contrato de *factoring* consiste, em linhas gerais, na compra de faturamento, incluindo-se esta operação em uma das hipóteses de incidência do IOF, qual seja, a emissão, transmissão, pagamento ou resgate de títulos e valores mobiliários.

▶ **Haveria inconstitucionalidade no art. 58 da Lei 9.532/97 ao prever a incidência do IOF sobre operações de *factoring*, praticadas por instituições não financeiras?**

Apesar de a constitucionalidade desse dispositivo ter sido questionada perante o Supremo Tribunal Federal, esta Corte entendeu que, mesmo que a operação de *factoring* não configurasse uma operação de crédito, é admissível sua classificação dentro do espectro de operações relativas a títulos ou valores mobiliários.

Ou seja, **mesmo as instituições distintas das financeiras, ao praticarem operações de factoring, estariam sujeitas à incidência do IOF**. Além disso, não houve, na CF ou no CTN, ao tratar sobre os contribuintes do IOF, qualquer limitação que justifique sua exigência apenas em relação às instituições financeiras.

Confira o entendimento do STF a respeito:

> IOF: incidência sobre operações de factoring (L. 9.532/97, art. 58): aparente constitucionalidade que desautoriza a medida cautelar. **O âmbito constitucional de incidência possível do IOF sobre operações de crédito não se restringe às praticadas por instituições financeiras**, de tal modo que, à primeira vista, a lei questionada poderia estendê-la às operações de factoring, quando impliquem financiamento (factoring com direito de regresso ou com adiantamento do valor do crédito vincendo – conventional factoring); quando, ao contrário, não contenha operação de crédito, o factoring, de qualquer modo, parece substantivar negócio relativo a títulos e valores mobiliários, igualmente susceptível de ser submetido por lei à incidência tributária questionada. (ADI-MC 1763 DF, Rel. Min. Sepúlveda Pertence, Tribunal Pleno, j. 20/08/1998, DJ 26-09-2003, grifo nosso)

Ainda em relação às operações de crédito, temos os seguintes responsáveis:

a) as instituições financeiras que efetuarem operações de crédito;

b) as empresas adquirentes do direito creditório;

c) a pessoa jurídica que conceder o crédito, nas operações de crédito correspondentes a mútuo de recursos financeiros.

No que diz respeito às **operações de câmbio**, a Lei 8.894/94, em seu art. 6º, define como contribuintes os compradores ou vendedores da moeda estrangeira na operação referente a transferência financeira para ou do exterior, respectivamente. O Regulamento do IOF (Decreto 6.306/07) explicita que as transferências financeiras compreendem os pagamentos e recebimentos em moeda estrangeira, independentemente da forma de entrega e da natureza das operações.

Já os responsáveis pela retenção e recolhimento do IOF-Câmbio são as instituições autorizadas a operar em câmbio, conforme a previsão do parágrafo único do art. 6º da Lei 8.894/94.

Nas **operações de seguro**, os contribuintes são as pessoas físicas ou jurídicas seguradas, e os responsáveis pela cobrança e pelo recolhimento do IOF são as instituições financeiras ou as seguradoras encarregadas da cobrança do prêmio.

Quando a materialidade do IOF disser respeito a **títulos e valores mobiliários**, os contribuintes do imposto serão os adquirentes de títulos ou valores mobiliários e os titulares de aplicações financeiras, ou ainda as instituições financeiras e demais instituições autorizadas a funcionar pelo Banco Central do Brasil. Por outro lado, os responsáveis pela cobrança e pelo recolhimento do imposto ao Banco Central do Brasil são as instituições autorizadas a operar na compra e venda de títulos e valores mobiliários.

## 4. BASE DE CÁLCULO E ALÍQUOTAS

O CTN define a base de cálculo do IOF em seu art. 64, da seguinte forma:

I – quanto às operações de crédito, o montante da obrigação, compreendendo o principal e os juros;

II – quanto às operações de câmbio, o respectivo montante em moeda nacional, recebido, entregue ou posto à disposição;

III – quanto às operações de seguro, o montante do prêmio;

IV – quanto às operações relativas a títulos e valores mobiliários:

a) na emissão, o valor nominal mais o ágio, se houver;

b) na transmissão, o preço ou o valor nominal ou o valor da cotação em Bolsa, como determinar a lei;

c) no pagamento ou resgate, o preço.

As alíquotas do IOF são reguladas separadamente de acordo com a respectiva materialidade. No IOF-crédito e no IOF-títulos e valores mobiliários, a alíquota máxima é 1,5%. No IOF-câmbio e no IOF-seguro, a alíquota máxima é 25%.

Deve-se lembrar ainda que as alíquotas do IOF podem ser alteradas por ato infralegal do Poder Executivo, desde que dentro dos limites e condições previstos em lei (CF, art. 153, § 1º).

Com base nesse dispositivo constitucional, o STJ entende que é possível a alteração de alíquota do IOF por meio de **portarias interministeriais** (REsp 1.123.249, Rel. Min. Eliana Calmon, 2ª Turma, j. 17.11.2009).

## 5. LANÇAMENTO

O lançamento do IOF ocorre na modalidade **por homologação**, pois compete ao sujeito passivo antecipar o pagamento do tributo, aferindo os elementos da obrigação tributária antes de qualquer providência da autoridade administrativa, que poderá, contudo, rever a atividade do particular, inclusive realizando o lançamento de ofício, caso haja recolhimento a menor ou na hipótese de inexistir recolhimento.

## 6. IOF SOBRE O OURO COMO ATIVO FINANCEIRO OU INSTRUMENTO CAMBIAL

O ouro pode ter dois regimes de tributação diversos, a depender de seu enquadramento.

Caso o ouro seja considerado **mercadoria**, como por exemplo, uma pulseira de ouro ou um relógio de ouro, sofrerá a incidência do **ICMS**, uma vez que a circulação de mercadorias é fato gerador do tributo estadual ICMS.

Contudo, é possível que o ouro seja classificado como **ativo financeiro ou instrumento cambial**, sujeitando-se, nessa hipótese, ao **IOF**.

Essa é a prescrição do texto constitucional:

> CF, art. 153, §5º O ouro, quando definido em lei como ativo financeiro ou instrumento cambial, sujeita-se exclusivamente a incidência do imposto de que trata o inciso V do caput deste artigo, devido na operação de origem; a alíquota mínima será de um por cento, assegurada a transferência do montante da arrecadação nos seguintes termos:
>
> I – trinta por cento para o Estado, o Distrito Federal ou o Território, conforme a origem;
>
> II – setenta por cento para o Município de origem.

Da dicção do texto constitucional percebe-se que o IOF só pode incidir sobre o ouro definido em lei como ativo financeiro ou instrumento cambial uma única vez, na **operação de origem**.

Nesse sentido, ensina Plínio J. Marafon:

> "Deve-se entender que o legislador ordinário da União só poderá cobrar o IOF uma vez, na primeira operação que o ouro tiver na sua origem física (local da extração). Mas não é o ato de extrair que enseja o IOF, isso não é a 'operação'. Quem 'opera' com ouro na origem negocia com ele, dá início ao seu curso circulatório, já que de mercadoria se trata. É preciso haver negócio jurídico na origem para possibilitar o surgimento do fato gerador do IOF. Se alguém garimpa ouro na mina e nunca opera com ele (entesoura em casa), não pode ficar sujeito ao

IOF, pois não houve 'operação'." (MARAFON, 2009, IN: Curso de Direito Tributário, coord. Ives Gandra da Silva Martins, p. 633-634)

Essa incidência única faz com que a tributação do ouro como ativo financeiro seja mais interessante que a tributação do ouro como mercadoria, pois no último caso a incidência do ICMS, tributo plurifásico, dá-se em cada operação de circulação, incidindo sobre toda a cadeia de alienações (observando-se, contudo, a regra constitucional da não cumulatividade).

A Lei 7.766/89, em consonância com a Carta Magna, definiu o fato gerador do imposto como a primeira aquisição do ouro, ativo financeiro, efetuada por instituição autorizada, integrante do Sistema Financeiro Nacional (art. 8º). Tratando-se de ouro físico oriundo do exterior, ingressado no País, o fato gerador é o seu desembaraço aduaneiro (art. 8º, parágrafo único).

Levando em consideração essa prescrição constitucional da incidência única do IOF sobre ouro como ativo financeiro, o STF declarou inconstitucionais os incisos II e III do art. 1º da Lei 8.033/90, que previa a incidência do IOF sobre operações subsequentes (RE 190.363-5, Pleno, Rel. Min. Carlos Velloso, julgado em maio de 1998).

▶ **A determinação constitucional da incidência única do IOF sobre o ouro definido em lei como ativo financeiro ou instrumento cambial pode ser considerada uma imunidade tributária?**

Sim. A doutrina observa que a incidência única acima referida traduz-se numa imunidade para as operações subsequentes. Além disso, haveria imunidade também em relação a outros tributos que viessem a ser instituídos sobre o ouro como ativo financeiro, pois o art. 153, § 5º da CF é expresso ao dizer que o ouro, quando definido em lei como ativo financeiro ou instrumento cambial, sujeita-se **exclusivamente** à incidência do IOF.

A criação da CPMF pelo constituinte derivado, contudo, representou uma mitigação do art. 153, § 5º, pois o art. 74, § 2º do ADCT, instituindo a CPMF, ressalvou o art. 153, § 5º da CF. Vicente Paulo e Marcelo Alexandrino explicam:

> "O constituinte originário não estabeleceu nenhuma exceção a essa imunidade do ouro definido em lei como ativo financeiro ou instrumento cambial. Diferentemente, o constituinte derivado, ao instituir a competência para a criação da CPMF, no art. 74, § 2º do ADCT, expressamente determinou que a ela não se aplicava o disposto no art. 153, § 5º da Constituição. Portanto, enquanto existiu, a CPMF incidia sobre movimentação ou transmissão de valores e de créditos e direitos de natureza financeira relacionados ao ouro definido em lei como ativo financeiro ou instrumento cambial. Todavia, a CPMF

foi extinta, desde 1º de janeiro de 2008, de sorte que, hoje, efetiva-mente, sobre o ouro, quando definido em lei como ativo financeiro ou instrumento cambial, incide exclusivamente o IOF" (PAULO & ALE-XANDRINO, p. 252-253)

Quanto à definição do que seria ouro como ativo financeiro ou instrumento cambial, devemos recorrer à Lei 7.766/89, art. 1º:

art. 1º O ouro em qualquer estado de pureza, em bruto ou refinado, quando destinado ao mercado financeiro ou à execução da política cambial do País, em operações realizadas com a interveniência de ins-tituições integrantes do Sistema Financeiro Nacional, na forma e con-dições autorizadas pelo Banco Central do Brasil, será desde a extra-ção, inclusive, considerado ativo financeiro ou instrumento cambial.

§ 1º Enquadra-se na definição deste artigo:

I – o ouro envolvido em operações de tratamento, refino, transporte, depósito ou custódia, desde que formalizado compromisso de desti-ná-lo ao Banco Central do Brasil ou à instituição por ele autorizada;

II – as operações praticadas nas regiões de garimpo onde o ouro é extraído, desde que o ouro na saída do Município tenha o mesmo destino a que se refere o inciso I deste parágrafo.

§ 2º As negociações com o ouro, ativo financeiro, de que trata este artigo, efetuada nos pregões das bolsas de valores, de mercadorias, de futuros ou assemelhadas, ou no mercado de balcão com a inter-veniência de instituição financeira autorizada, serão consideradas operações financeiras.

(…)

art. 4º O ouro destinado ao mercado financeiro sujeita-se, desde sua extração, inclusive, exclusivamente à incidência do imposto sobre operações de crédito, câmbio e seguro, ou relativas a títulos ou va-lores mobiliários.

Percebe-se que o texto legal explicita o conceito do ouro como ativo financeiro ou instrumento cambial, de forma a delinear de forma minucio-sa a incidência do IOF.

## 7. ORIENTAÇÕES DA PGFN

▶ **PARECER PGFN/CAT/Nº 2938/2002**

IOF – Imposto sobre Operações de Crédito, Câmbio e Seguros, ou re-lativas a Títulos e Valores Mobiliários. Operações de cessão de crédito sem coobrigação.

4. O IOF incide sobre os negócios jurídicos que tenham por objeto o crédito, o câmbio, o seguro e o título ou valor mobiliário, bem como as operações a eles relativas. Entende-se por operação de crédito aquela mediante a qual alguém efetua obrigação presente contra a promessa de uma prestação futura, havendo interregno de tempo entre o termo inicial e o termo final da operação.

5. Como afirma a própria SRF, são tributadas pelo IOF as operações de crédito bancário (por força da Lei nº 5.143/66) e não-bancário, estas últimas por força da Lei nº 9.779/99, que instituiu a tributação dos contratos de mútuo celebrados entre pessoas jurídicas, bem como os celebrados entre pessoa física e pessoa jurídica.

6. O RIOF estabelece, também, que nas operações de prorrogação, renovação, novação, composição, consolidação e confissão de dívida e negócios assemelhados de operação de crédito, onde não haja substituição do devedor, também será cobrado o Imposto – chamado na prática de IOF Complementar –, e sua base de cálculo será o valor não liquidado da dívida.

7. A cessão de crédito – operação em que alguém transfere a outrem direito de que seja titular – enquadra-se nesta modalidade. O cedente, ao transferir o seu crédito para uma terceira pessoa, denominada cessionária, assume para com esta a responsabilidade pela existência do crédito, não importando a natureza da operação, se gratuita ou onerosa, de boa ou má-fé. Não responde, entretanto, pela solvência do devedor, salvo estipulação em contrário.

8. Na legislação de regência (Decreto nº 2.219/97), há expressa previsão da incidência do IOF nas operações de empréstimos e financiamentos cedidos por uma instituição financeira a outra da mesma natureza. E as operações de cessão de crédito por uma instituição financeira a outra pessoa jurídica não financeira também se sujeitam à cobrança de imposto complementar, no caso de liquidação efetuada com atraso, por ser considerada mútuo de recursos financeiros, nos termos no art. 13 da Lei nº 9.779/99.

9. Assim, não nos restam dúvidas de que as duas hipóteses apresentadas na letra a da consulta ensejam a cobrança de IOF complementar, caso haja liquidação após o prazo estipulado. Tal entendimento se fortalece ao considerarmos as operações como prorrogação de uma operação de crédito.

▶ **PARECER PGFN/CAT/Nº 1697/2007**

4. Pertinente, a respeito, a advertência feita por Paulsen (2005) de que, apesar de convencionalmente tratado como um único fato gerador, com alcance sobre as operações financeiras, tal estrutura contempla, na verdade, quatro bases econômicas que evidenciariam, por conseguinte, igual número de matrizes: sobre crédito, sobre câmbio, sobre seguro e sobre títulos ou valores mobiliários.

5. Mosquera (1999) adverte, inclusive, para a imprecisão do termo operações financeiras. É vago e principalmente restritivo, na medida em que a figura tributária apanha também operações não-financeiras. Na verdade, afirma o autor (p. 114-115), a locução "só serve para confundir e atrapalhar, ainda mais, a análise correta das regras-matrizes de incidência dos impostos".

8. Os quatro títulos sobre as incidências são compostos das mesmas partes: fato gerador, contribuintes e responsáveis, base de cálculo e alíquota, isenção cobrança e recolhimento. O Título VI trata da incidência sobre operações com ouro ativo financeiro ou instrumento cambial e dispõe da mesma estrutura.

9. Além dos agrupamentos formados por normas específicas sobre cada uma das bases econômicas, há um título introdutório com os traços principais. No caso das operações de crédito, reafirma, em consonância com a legislação, que o campo de sujeição engloba também, além das operações realizadas pelas instituições financeiras, aquelas que têm, pelo menos em um dos pólos, outras pessoas jurídicas ou empresas de factoring (art. 2º, I, a, b e c).

10. A propósito do tema, o Supremo Tribunal Federal já teve a oportunidade de manifestar-se favoravelmente ao alcance do aspecto subjetivo do tributo. Foi no julgamento de medida cautelar postulada na ação direta de inconstitucionalidade envolvendo a incidência do IOF nas hipóteses de factoring.

11. Na ocasião, pronunciou-se o órgão:

> Assim, é de notar, primeiro, que não há no CTN – e nem a Constituição o autorizaria –, a restrição subjetiva das operações de créditos tributáveis pelo IOF àquelas praticadas pelas instituições financeiras; (...)

> Divisam-se, pois, à deliberação, dois espaços constitucionais – um, o das operações de crédito não necessariamente praticadas por instituições financeiras, (...) (ADIN 1763-8, rel. Min. Sepúlveda Pertence)

▶ **PARECER PGFN/CAT/Nº 591/2008**

Possibilidade de alteração de alíquotas do Imposto sobre Operações de Crédito, Câmbio e Seguro, ou relativas a Títulos ou Valores Mobiliários (IOF) nas operações com títulos ou valores mobiliários por decreto presidencial.

5. Normalmente, o que se observa nas leis é o estabelecimento de uma alíquota máxima, para que dentro deste espectro atue o Poder Executivo, interferindo nos setores sensíveis da economia. Isto porque determinados tributos, como é o caso do IOF, são caracterizados pelo caráter extrafiscal. Segundo Ricardo Lobo Torres, "a extrafiscalidade, como forma de intervenção estatal na economia, apresenta uma dupla configuração: de um lado, a extrafiscalidade se deixa absorver pela fiscalidade, constituindo a dimensão finalista do tributo; de outro, permanece como categoria autônoma de ingressos públicos, a gerar prestações não tributárias". Neste sentido, sendo dever da União reger os interesses e as necessidades da economia nacional, um de seus principais instrumentos é o IOF.

## 8. QUESTÕES OBJETIVAS

**1. (ESAF – Analista-Tributário– RFB/2012)** O ouro, quando não for considerado como simples metal, mas definido em lei como ativo financeiro ou instrumento cambial, sujeita-se exclusivamente à incidência do _____. Esse imposto é devido na operação _____. Está sujeito à alíquota _____, já estabelecida na Constituição. O produto da arrecadação pertence _____.

a) ICMS / de origem / máxima / ao Estado.

b) ICMS / de destino / máxima / ao Estado de destino.

c) IOF / de origem / mínima / ao Estado e ao Município de origem.

d) IOF / de origem / máxima / À União e, compartilhadamente, ao Estado e Município de origem.

e) IOF / de destino / mínima / ao Estado e ao Município de destino.

**2. (Vunesp – Procurador do Município – Prefeitura São José dos Campos-SP/2012)** Em razão de permissivo constitucional, é facultado ao Poder Executivo, atendidas as condições e os limites estabelecidos em lei, alterar as alíquotas de determinados impostos. Dentre eles, pode ser citado o imposto sobre

A) a propriedade territorial rural.

B) operações de crédito, câmbio e seguro, ou relativas a títulos ou valores mobiliários.

C) renda e proventos de qualquer natureza.

D) propriedade de veículos automotores.

E) propriedade predial e territorial urbana.

**3. (ESAF – Auditor-Fiscal– RFB/2009)** Analise os itens a seguir, classificando-os como verdadeiros (V) ou falsos(F). Em seguida, escolha a opção adequada às suas respostas:

I.  as operações de câmbio constituem fato gerador do IOF – imposto sobre operações de crédito, câmbio e seguro, ou relativas a títulos ou valores mobiliários;

II.  o câmbio traz um comércio de dinheiro, no qual este se torne mercadoria e, como tal, tem custo e preço;

III.  operações de câmbio são negócios jurídicos de compra e venda de moeda estrangeira ou nacional, ou, ainda, os negócios jurídicos consistentes na entrega de uma determinada moeda a alguém em contrapartida de outra moeda recebida.

a)  Somente o item I está correto.

b)  Estão corretos somente os itens I e II.

c)  Estão corretos somente os itens I e III.

d)  Todos os itens estão corretos.

e)  Todos os itens estão errados.

**4. (FCC – Procurador do Município – Prefeitura São Paulo-SP/2008)** Em relação aos impostos, haverá exceção aos princípios da anterioridade anual e nonagesimal a majoração de

A)  alíquotas do IPI.

B)  alíquotas do IR.

C)  alíquotas do IOF.

D)  base de cálculo do IPTU.

E)  base de cálculo do IPVA.

**5. (CESPE – Procurador do MPTCDF – 2013)** "Nas operações de câmbio, o fato gerador do imposto sobre operações de crédito câmbio e seguro (IOF) consiste na efetivação da operação – configurada pela entrega de moeda nacional ou estrangeira ou de documento que a represente – ou na colocação à disposição do interessado do montante equivalente à moeda estrangeira ou nacional por ele entregue ou por ele posta à disposição"

**6. (CESPE – Promotor de Justiça – PI – 2012)** "O saque em caderneta de poupança não atrai a incidência do imposto sobre operações de crédito, câmbio e seguro, nem sobre operações relativas a títulos e valores mobiliários, visto que a referida operação não se enquadra em seu fato gerador."

**7. (CESPE – Procurador Federal – 2007)** "Não incide a contribuição provisória sobre a movimentação ou transmissão de valores e de créditos e direitos de natureza financeira (CPMF) sobre saques efetuados em caderneta de poupança, mas a lei admite a incidência do imposto sobre operações de crédito, câmbio e seguro, ou relativas a títulos ou valores mobiliários (IOF), na hipótese dos referidos saques."

| GABARITO | | | | | | |
|---|---|---|---|---|---|---|
| 1 – D | 2 – B | 3 – D | 4 – C | 5 – Certo | 6 – Certo | 7 – Errado |

# 9. QUESTÕES DISCURSIVAS

### (MPF – Procurador da República – 27º Concurso – 2013)

Diretor de um estabelecimento financeiro legalmente impedido de contrair empréstimo junto à instituição financeira que dirige, concretiza a operação. No caso, não é devido o imposto sobre operação de crédito ou incide a tributação, malgrado a conduta criminalmente típica? Justificar a opção que adotar à luz dos arts. 3º e 118, do Código Tributário Nacional e indicar o entendimento do Supremo Tribunal Federal e do Superior Tribunal de Justiça acerca do tema.

▶ RESPOSTA DO AUTOR

Ainda que a conduta seja criminalmente típica, incide a tributação, no caso o imposto sobre operação de crédito. Referido imposto não incide sobre a conduta proibida em si, qual seja, contrair empréstimo de instituição financeira que dirige, mas sim sobre a efetivação pela entrega total ou parcial do montante ou do valor que constitua o objeto da obrigação, ou sua colocação à disposição do interessado, de acordo com o artigo 63, I do CTN.

Embora o conceito de tributo previsto no artigo 3º do CTN seja expresso no sentido de que tributo não constitui sanção de ato ilícito, o fato gerador no presente caso não é a conduta criminosa, mas sim o ato de contrair empréstimo (operação de crédito). Na hipótese ora em apreço, a ilicitude é circunstância acidental à norma de tributação.

Essa conclusão é amparada pelo artigo 118, I, do CTN, segundo o qual a definição legal do fato gerador é interpretada abstraindo-se da validade jurídica dos atos efetivamente praticados pelos contribuintes, responsáveis, ou terceiros, bem como da natureza do seu objeto ou dos seus efeitos. Tal dispositivo consagra o princípio do "pecunia non olet", que permite a tributação do resultado de atividade ilícita, desde que se verifique, no mundo fático, a ocorrência do fato gerador.

A jurisprudência do STJ e do STF é pacífica nesse sentido, entendendo-se que os princípios da igualdade e da capacidade contributiva não permitem que o resultado econômico de atividades ilícitas seja exonerado do dever de pagar tributos, enquanto as atividades lícitas são tributadas regularmente.

**(CESPE – Procurador do Banco Central – 2009)**

Uma pessoa jurídica, atacadista de gêneros alimentícios, contratou a empresa de factoring Alfa-7, para a prestação de serviços referentes a avaliação de riscos, seleção de créditos e gerenciamento de contas a receber e a pagar, associada à aquisição pro soluto de créditos. No curso da execução do contrato, a empresa Alfa-7 foi obrigada a recolher o imposto sobre operações financeiras (IOF), inclusive sobre saques em caderneta de poupança de sua titularidade.

Considerando a situação hipotética apresentada acima e as normas aplicáveis ao IOF, redija um texto dissertativo que responda, de modo justificado, aos seguintes questionamentos.

– O IOF incide sobre operações de factoring praticadas por instituições distintas das financeiras?

– É legítima a incidência do IOF nos saques em caderneta de poupança?

– Quais operações configuram o fato gerador do IOF?

▶ **RESPOSTA DO AUTOR**

Sim, o IOF incide nas operações de factoring praticadas por instituições distintas das financeiras. De acordo com o artigo 58 da Lei 9.532/97, a pessoa física ou jurídica que alienar, à empresa que exercer as atividades de factoring, direitos creditórios resultantes de vendas a prazo, sujeita-se à incidência IOF às mesmas alíquotas aplicáveis às operações de financiamento e empréstimo praticadas pelas instituições financeiras.

Ou seja, mesmo as instituições distintas das financeiras, ao praticarem operações de factoring, estariam sujeitas à incidência do IOF.

A constitucionalidade desse dispositivo foi questionada perante o Supremo Tribunal Federal, que entendeu que, ainda que a operação de factoring não configure operação de crédito, é admissível sua classificação dentro o espectro de operações relativas a títulos ou valores mobiliários.

Como o contrato de factoring consiste, em linhas gerais, na compra de faturamento, esta operação está incluída em uma das hipóteses de incidência do IOF, qual seja, a emissão, transmissão, pagamento ou resgate de títulos e valores mobiliários.

Além disso, não houve, na CF ou no CTN, ao tratar sobre os contribuintes do IOF, qualquer limitação que justifique sua exigência apenas em relação às instituições financeiras.

A incidência do IOF sobre os saques em caderneta de poupança também já foi matéria discutida no Supremo Tribunal Federal. O artigo 1º, inciso V, da Lei 8.033/1990 instituiu o saque efetuado em caderneta de poupança como uma incidência do IOF. Com esse dispositivo, o legislador pretendia equiparar o saque em caderneta de poupança a uma operação de crédito, o que foi rechaçado pela jurisprudência do Supremo Tribunal Federal.

Entendeu esta Corte que o saque em caderneta de poupança não se caracteriza como operação de crédito, já que seria uma mera movimentação de valores mantidos em depósito. O saque em caderneta de poupança, por não configurar uma promessa de prestação futura (crédito), ou mesmo uma operação com título ou valor mobiliário, não estaria circunscrito à incidência do IOF.

Esse posicionamento do Supremo acabou sendo cristalizado em súmula de sua jurisprudência, que reconheceu a inconstitucionalidade do dispositivo legal citado acima.

As operações que configuram o fato gerador do IOF, de acordo com a CF, podem ser dividias em quatro: operações de crédito, operações de câmbio, operações de seguro e operações relativas a títulos ou valores mobiliários (CF, 153, V).

Quanto à primeira hipótese, o CTN dispõe, em seu artigo 63, inciso I, que o IOF, quanto às operações de crédito, tem como fato gerador a efetivação da operação pela entrega total ou parcial do montante ou do valor que constitua o objeto da obrigação, ou sua colocação à disposição do interessado. Nessas operações de crédito há uma prestação presente que se justifica por uma contraprestação futura.

O inciso II do artigo 63 do CTN descreve, como fato gerador do IOF, quanto às operações de câmbio, a sua efetivação pela entrega de moeda nacional ou estrangeira, ou de documento que a represente, ou sua colocação à disposição do interessado em montante equivalente à moeda estrangeira ou nacional entregue ou posta à disposição por este.

Em relação às operações de seguro, o fato gerador do IOF é a sua efetivação pela emissão da apólice ou do documento equivalente, ou recebimento do prêmio, nos termos do artigo 63, III do CTN, o que pode incluir, até mesmo, as operações de venda de salvados de sinistros, conforme o entendimento do Supremo Tribunal Federal.

Quanto às operações relativas a títulos e valores mobiliários, o fato gerador do IOF é a emissão, transmissão, pagamento ou resgate dos título ou valores (artigo 63, IV do CTN).

## 10. REVISÃO DO CAPÍTULO – PERGUNTAS E RESPOSTAS

▶ **Pergunta-se: a alteração das alíquotas do IOF pode ser feita apenas por decreto do Presidente da República?**

A resposta é negativa. O STJ entende que é possível a alteração de alíquota do IOF por meio de **portarias interministeriais** (REsp 1.123.249, Rel. Min. Eliana Calmon, 2ª Turma, j. 17.11.2009).

Mais uma vez vale a observação de que apenas as alíquotas podem ser alteradas pelo Poder Executivo, para ajustar o imposto aos objetivos da política monetária. A base de cálculo só pode ser alterada por lei, uma vez que a CF não recepcionou o art. 65 do CTN que permite a alteração da base de cálculo por ato infralegal.

▶ **Pergunta-se: o saque efetuado em caderneta de poupança pode ser equiparado à operação de crédito?**

De acordo com a doutrina e com a jurisprudência, **não se pode classificar como operação de crédito um mero saque efetuado em caderneta de poupança**. Embora o art. 1ª, V, da Lei 8.033/1990 tenha definido o saque efetuado em caderneta de poupança como uma das hipóteses de incidência do IOF, o Supremo Tribunal Federal declarou a inconstitucionalidade desse dispositivo, sob o fundamento de que **o saque em conta de poupança não representa uma promessa de prestação futura.**

Esse entendimento foi cristalizado na **súmula 664 do STF**, segundo a qual é inconstitucional o inciso V do art. 1º da lei 8.033/1990, que instituiu a incidência do imposto nas operações de crédito, câmbio e seguros – IOF sobre saques efetuados em caderneta de poupança.

▶ **Pergunta-se: haveria inconstitucionalidade no art. 58 da Lei 9.532/97 ao prever a incidência do IOF sobre operações de *factoring*, praticadas por instituições não-financeiras?**

Apesar de a constitucionalidade desse dispositivo ter sido questionada perante o Supremo Tribunal Federal, esta Corte entendeu que, mesmo que a operação de *factoring* não configurasse uma operação de crédito, é admissível sua classificação dentro do espectro de operações relativas a títulos ou valores mobiliários.

Ou seja, **mesmo as instituições distintas das financeiras, ao praticarem operações de factoring, estariam sujeitas à incidência do IOF**. Além disso, não houve, na CF ou no CTN, ao tratar sobre os contribuintes do IOF, qualquer limitação que justifique sua exigência apenas em relação às instituições financeiras.

▶ **Pergunta-se: a determinação constitucional da incidência única do IOF sobre o ouro definido em lei como ativo financeiro ou instrumento cambial pode ser considerada uma imunidade tributária?**

Sim. A doutrina observa que a incidência única acima referida traduz-se numa imunidade para as operações subsequentes. Além disso, haveria imunidade também em relação a outros tributos que viessem a ser instituídos sobre o ouro como ativo financeiro, pois o art. 153, § 5º da CF é expresso ao dizer que o ouro, quando definido em lei como ativo financeiro ou instrumento cambial, sujeita-se **exclusivamente** à incidência do IOF.

# Capítulo 6
# IMPOSTO SOBRE PRODUTOS INDUSTRIALIZADOS

**SUMÁRIO** • 1. Noções gerais e características; 2. Fato gerador; 3. Contribuinte; 4. Base de cálculo e alíquotas; 5. Lançamento; 6. A não cumulatividade do IPI; 7. O crédito-prêmio do IPI; 8. Orientações da Receita Federal; 9. Súmulas do CARF; 10. Questões objetivas; 11. Questão discursiva; 12. Revisão do capítulo – Perguntas e respostas.

## 1. NOÇÕES GERAIS E CARACTERÍSTICAS

O imposto sobre **produtos industrializados**, de competência da União (art. 153, IV da CF), é um tributo de grande importância na economia nacional e também para os cofres do governo, já que, junto com o imposto de renda, representa grande parte da arrecadação com os impostos federais.

Essa dupla importância suscita questões na doutrina em relação à função preponderante do imposto, se fiscal ou extrafiscal.

Hugo de Brito Machado comenta essa dupla faceta do IPI, posicionando-se pela preponderância da função **fiscal**:

> "Embora utilizado como instrumento de função extrafiscal, sendo, como é, por força de dispositivo constitucional, um imposto seletivo em função da essencialidade do produto (CF, art. 153, § 2º, inc. IV), o imposto sobre produtos industrializados tem papel de maior relevância no orçamento da União Federal, dos Estados, do Distrito Federal e dos Municípios. Foi, até pouco tempo, o tributo de maior expressão como fonte de receita, posição que vem sendo ocupada atualmente pelo imposto de renda, provavelmente em razão de substanciais reduções operadas nas alíquotas do IPI, muitas das quais foram reduzidas a zero.
>
> Pretendeu-se que o IPI funcionasse como tributo de função extrafiscal proibitiva, tributando pesadamente os denominados artigos

de luxo, ou supérfluos, como os perfumes, por exemplo, e também aqueles de consumo desaconselhável, como as bebidas e os cigarros. Todavia, parece que essa função 'proibitiva' jamais produziu os efeitos desejados. Ninguém deixou de beber ou de fumar porque a bebida ou o fumo custasse mais caro, em razão da incidência exacerbada do imposto.

**Parece, assim, incontestável a predominância, no IPI, da função fiscal**, não obstante deva ser ele um imposto seletivo, em função da essencialidade dos produtos." (MACHADO, 2005, p. 327, grifado pelo autor)

Uma outra característica do IPI é a **seletividade**, prevista no art. 153, § 3º, inciso I da CF como um comando obrigatório ao legislador ordinário. Difere, nesse ponto, do ICMS, que tem uma seletividade facultativa.

Segundo o dispositivo constitucional acima citado, o IPI **será** seletivo, em função da essencialidade do produto. Significa que as alíquotas do IPI devem ser menores para os produtos essenciais, como os gêneros alimentícios, e maiores para os produtos supérfluos ou prejudiciais à saúde, como os cigarros. Justamente por causa disso, "uma alíquota do imposto sobre produtos industrializados de 150%, por exemplo, não significa necessariamente confisco" (assertiva considerada **correta** pela ESAF no concurso para Auditor-fiscal da Receita Federal em 2009).

▶ **Quais princípios tributários são relacionados com a seletividade?**

Deve-se relacionar a seletividade com os princípios da **isonomia** e da **capacidade contributiva**, pois ao se elevar a carga tributária dos produtos supérfluos, atinge-se o patrimônio dos mais abastados, os consumidores de produtos supérfluos ou luxuosos.

A seletividade, contudo, não significa não tributação de produtos essenciais, uma vez que não se confunde com a imunidade. Desse modo, por mais essencial que um produto seja, não se justifica sua não tributação tão somente sob a invocação da seletividade do IPI.

Outro importante mandamento constitucional sobre o IPI é aquele que prevê seu reduzido impacto sobre a **aquisição de bens de capital** pelo contribuinte do imposto, na forma da lei (CF, art. 153, § 3º, IV). A respeito desse tema, Leandro Paulsen ensina:

"Caberá à lei ordinária federal estabelecer os critérios para a diminuição do impacto do IPI na aquisição de bens de capital. Tal diminuição poderá se dar mediante autorização para apropriação de crédito relativo ao IPI incidente na operação e sua utilização na compensação com o devido pela empresa adquirente em outras operações ou seu ressarcimento em dinheiro, ou mesmo mediante o estabelecimento de critérios a serem observados pelo Executivo (art. 153, § 1º, da CF) na redução das alíquotas relativas a operações com tais bens de capital. (…) estabelecendo um fim a ser buscado, o dispositivo constitucional tem, como eficácia imediata, apenas a de impedir a validade de lei ou ato normativo que atue em sentido contrário, aumentando o impacto do IPI na aquisição de bens de capital." (PAULSEN e MELO, 2012, p. 112)

A não cumulatividade do IPI é tema que exige abordagem mais detalhada, razão pela qual será estudado mais adiante, em tópico próprio.

Deve-se dizer, ainda, que a instituição ou majoração do IPI deve obedecer **apenas a anterioridade nonagesimal**, não havendo a necessidade de a lei que o institui ou majora ser publicada no exercício anterior ao de sua exigência.

Outra semelhança com os tributos extrafiscais da União é a mitigação ao princípio da legalidade, já que o art. 153, § 1º da **CF também faculta ao Poder Executivo a alteração das alíquotas do IPI**, desde que atendidas as condições e os limites estabelecidos em lei. A alteração da base de cálculo, contudo, deve ser feita por lei, por exigência constitucional.

## 2. FATO GERADOR

O fato gerador do IPI é descrito no artigo 46 do CTN da seguinte forma:

> Art. 46. O imposto, de competência da União, sobre produtos industrializados tem como fato gerador:
>
> I – o seu desembaraço aduaneiro, quando de procedência estrangeira;
>
> II – a sua saída dos estabelecimentos a que se refere o parágrafo único do artigo 51;
>
> III – a sua arrematação, quando apreendido ou abandonado e levado a leilão.
>
> Parágrafo único. Para os efeitos deste imposto, considera-se industrializado o produto que tenha sido submetido a qualquer operação que lhe modifique a natureza ou a finalidade, ou o aperfeiçoe para o consumo.

### a) saída dos estabelecimentos a que se refere o parágrafo único do artigo 51 do CTN

A primeira observação a ser feita é a de que, apesar de o imposto pressupor um processo de industrialização, seu fato gerador não recai sobre a atividade industrial em si, mas sobre as operações com produtos industrializados.

O inciso II do artigo 46 do CTN atrai essa conclusão, uma vez que define o fato gerador do IPI como a saída de produtos industrializados dos estabelecimentos a que se refere o parágrafo único do artigo 51 do CTN (estabelecimentos de importador, industrial, comerciante ou arrematante).

Em outras palavras, **não é a industrialização que atrai a incidência do IPI, mas sim a saída de produtos industrializados**, saída esta entendida como uma operação de transferência da titularidade do produto.

Regina Helena Costa explica da seguinte maneira:

> "Vale observar que a materialidade do IPI não consiste na industrialização de produtos, assim entendido seu processo de confecção. Saliente-se que o conceito de industrialização, para fins de IPI, é meramente acessório, já que o que importa é o conceito de produto industrializado, objeto da operação (art. 46, parágrafo único, CTN). Não é a industrialização que se sujeita à tributação, mas o resultado desse processo. Confirma esse entender a dicção do art. 153, § 3º, II ('compensando-se o que for devido em cada operação...').
>
> Portanto, o conceito determinante para a identificação do aspecto material do imposto em foco é o de produto industrializado." (COSTA 2014, p. 370)

► **Toda alienação de produto industrializado enseja a incidência do IPI?**

Não. Nem toda operação de alienação de produto industrializado enseja a incidência do IPI, mas apenas aquela feita por estabelecimento industrial, contribuinte do IPI. A venda feita pelo comerciante, não industrial, não é fato gerador do IPI, como bem explica a doutrina:

> "Trata-se de imposto que deve gravar a produção. Desse modo, alcança o negócio jurídico (operação) que tenha por objeto qualquer bem (produto) decorrente de processo de industrialização realizado por um dos contratantes. Pressupõe a industrialização e a saída do produto do estabelecimento industrial. Assim, o IPI incide nas operações de que participa o industrial que industrializou o produto, mas não na venda por comerciante ao consumidor. Não basta, portanto, que o produto objeto do negócio jurídico tenha sido industrializado em algum momento, mas que se tribute a própria produção quando ela acontece. Na venda de produto por comerciante, temos apenas o comércio, a circulação de mercadoria. A fase de produção, de industrialização, é anterior." (PAULSEN, 2012, p. 89)

No mesmo sentido, tem-se a jurisprudência do **STJ**, segundo o qual "a hipótese de incidência do IPI, ao contrário do ICMS, ocorre em ciclo único, no momento da saída da mercadoria do estabelecimento do fabricante, onde ela sofre o processo de industrialização" (STJ, REsp 435.575, Rel. Min. Eliana Calmon, 2ª Turma, DJ 04.04.05).

A Corte Superior também firmou o entendimento no sentido de que **não incide o IPI na importação de veículo por pessoa física destinado a uso próprio**, uma vez que o fato gerador dessa exação seria uma operação de natureza mercantil ou assemelhada (REsp 1.365.897, Rel. Min. Eliana Calmon, 2ª Turma, DJe 14/08/2013). Conforme a súmula 198 do STJ, "na importação de veículo por pessoa física, destinado a uso próprio, incide o ICMS".

Em 2015, o STJ confirmou esse entendimento em sede de recurso repetitivo, no qual decidiu que:

> "o fato gerador da incidência do tributo (IPI) é o exercício de atividade mercantil ou assemelhada, quadro no qual não se encaixa o consumidor final que importa o veículo para uso próprio e não para fins comerciais. Ademais, ainda que assim não fosse, a aplicação do princípio da não cumulatividade afasta a incidência do IPI. Com efeito, segundo o art. 49 do CTN, o valor pago na operação imediatamente anterior deve ser abatido do mesmo imposto em operação posterior. Ocorre que, no caso, por se tratar de importação feita por consumidor final, esse abatimento não poderia ser realizado.

Para o **STF**, porém, o fundamento da não incidência do IPI na importação de bem para uso próprio por pessoa não contribuinte do tributo seria uma suposta ofensa ao princípio da não cumulatividade, pois nesse caso o importador não poderia creditar-se ou repassar o montante pago a uma operação subsequente (a título exemplificativo: **RE 615.595**, **RE 501.773** e **RE 255.090**).

Marcus de Freitas Gouvêa critica esse entendimento:

> "Enquanto a importação, por pessoas físicas não contribuintes do tributo, de produtos luxuosos – como veículos e embarcações – ocorre livre da incidência do IPI, a entrada de produtos de máxima necessidade continua sendo tributada, desde que realizada por empresas contribuintes, em clara afronta ao princípio da capacidade contributiva. Além disso, a não incidência em casos tais impede que a carga tributária recaia sobre aquele – consumidor final – que deveria suportá-la." (GOUVÊA, 2014, p. 216)

Leandro Paulsen também discorda da posição do STF:

"A não cumulatividade é instrumento que visa a evitar os efeitos demasiadamente onerosos da cumulação de incidências sucessivas sobre valores continentes das anteriores. De modo algum, impede uma primeira e única incidência." (PAULSEN & MELO, 2012, p. 110)

Apesar de o entendimento do STF possuir maiores efeitos práticos na aplicação do direito, o candidato aos cargos de Procurador da Fazenda Nacional e Auditor-fiscal da Receita Federal se mostraria mais qualificado para o cargo se demonstrasse o conhecimento da posição doutrinária citada acima, em eventual questionamento sobre o tema numa **prova discursiva ou oral**.

Feita a digressão, cumpre agora tecer considerações sobre o processo de industrialização, que, por sua vez, é definido pelo CTN como a operação que modifique a natureza ou a finalidade do produto, ou ainda que o aperfeiçoe para o consumo.

O Decreto 7.212/2010 é mais minucioso:

"art. 4º. Caracteriza industrialização qualquer operação que modifique a natureza, o funcionamento, o acabamento, a apresentação ou a finalidade do produto, ou o aperfeiçoe para consumo, tal como:

I – a que, exercida sobre matérias-primas ou produtos intermediários, importe na obtenção de espécie nova (transformação);

II – a que importe em modificar, aperfeiçoar ou, de qualquer forma, alterar o funcionamento, a utilização, o acabamento ou a aparência do produto (beneficiamento);"

III – a que consista na reunião de produtos, peças ou partes e de que resulte em novo produto ou unidade autônoma, ainda que sob a mesma classificação fiscal (montagem);

IV – a que importe em alterar a apresentação do produto, pela colocação da embalagem, ainda que em substituição da original, salvo quando a embalagem colocada se destine apenas ao transporte da mercadoria (acondicionamento ou recondicionamento); ou

V – a que, exercida sobre produto usado ou parte remanescente de produto deteriorado ou inutilizado, renove ou restaure o produto para utilização (renovação ou recondicionamento).

Parágrafo único. São irrelevantes, para caracterizar a operação como industrialização, o processo utilizado para obtenção do produto e a localização e condições das instalações ou equipamentos empregados."

Essa amplitude do decreto é criticada por Hugo de Brito Machado, que enxerga uma violação ao CTN no que diz respeito ao produto industrializado:

IMPOSTO SOBRE PRODUTOS INDUSTRIALIZADOS

"Registre-se que a legislação do IPI amplia o conceito de produto industrializado, nele incluindo operações como o simples acondicionamento, ou embalagem, que na verdade não lhe modificam a natureza, nem a finalidade, nem o aperfeiçoam para o consumo. Tal ampliação viola o art. 46, parágrafo único, do Código Tributário Nacional. Configura, outrossim, flagrante inconstitucionalidade, na medida em que o conceito de produto industrializado, utilizado pela Constituição para definir a competência tributária da União, não pode ser validamente ampliado pelo legislador ordinário." (MACHADO, 2005, p. 329)

Em **provas discursivas e orais** para os cargos de Procurador da Fazenda Nacional e Auditor-fiscal da Receita Federal, contudo, aconselha-se que o candidato sustente a legalidade do decreto.

▶ **É possível a existência de produtos industrializados que não se sujeitam à incidência do IPI?**

Sim. O art. 5º do decreto 7.212/2010 prevê operações de industrialização cujos produtos não se sujeitam à incidência do IPI, dentre as quais pode-se citar, exemplificativamente: preparo de produtos alimentares, não acondicionados em embalagens de apresentação; a confecção de vestuário, por encomenda direta do consumidor ou usuário, em oficina, ou na residência do confeccionador; manipulação em farmácia, para venda direta a consumidor, de medicamentos oficinais e magistrais, mediante receita médica, dentre outros.

Josiani Minardi, comentando o dispositivo, ensina que "todas as operações relacionadas, previstas no artigo 5º do Decreto n. 7.212/2010, por mais que consistam em operações de industrialização não estão sujeitas à incidência do Imposto sobre Produtos de Industrialização, por **opção do legislador** infraconstitucional." (MINARDI, 2014, p. 485)

Também a Lei 4.502/64 (Lei de Instituição do IPI), em seu art. 3º, exclui do conceito de industrialização as seguintes atividades:

a) conserto de máquinas, aparelhos e objetos pertencentes a terceiros;

b) acondicionamento destinado apenas ao transporte do produto;

c) preparo de medicamentos oficinais ou magistrais, manipulados em farmácias, para venda no varejo, diretamente a consumidor, assim como a montagem de óculos, mediante receita médica;

d) mistura de tintas entre si, ou com concentrados de pigmentos, sob encomenda do consumidor ou usuário, realizada em estabelecimento varejista, efetuada por máquina automática ou manual, desde que fabricante e varejista não sejam empresas interdependentes, controladora, controlada ou coligada.

Na esteira da discussão sobre o que se caracteriza ou não como atividade industrial, o **STJ** já decidiu que "a atividade de **fornecimento de elevadores**, que envolve a produção **sob encomenda** e a instalação no edifício, encerra, precipuamente, uma obra de engenharia que complementa o serviço de construção civil, não se enquadrando no conceito de montagem industrial, para fins de incidência do IPI" (STJ, REsp 1.231.669, Rel. Min. Benedito Gonçalves, 1ª Turma, DJe 16/05/2014).

Em outro julgado, o STJ deixou assente que **a atividade de construção civil não está sujeita à incidência do Imposto sobre Produtos Industrializados**, carecendo a empresa de construção, por isso, do direito ao creditamento respectivo (STJ, AgRg no AREsp 280.583, Rel. Min, Ari Pargendler, 1ª Turma, DJe 29/10/2013).

**b) desembaraço aduaneiro, quando de procedência estrangeira**

Esse fato gerador previsto no CTN é objeto de grandes controvérsias.

Segundo alguns doutrinadores, a Constituição não autoriza a instituição do IPI sobre a importação de produtos industrializados, havendo um indevido alargamento da regra-matriz constitucional do IPI.

Um dos tributaristas que assim entendem é José Eduardo Soares de Melo:

> "Há fundamento jurídico para se entender que não deveria ocorrer a incidência do IPI na importação de quaisquer espécies de produtos porque, além de inexistir industrialização no território nacional, a Constituição prevê um imposto federal relativo à importação.
>
> Em razão do 'princípio da territorialidade' somente os fatos, atos e negócios efetuados dentro do País é que podem ser objeto de tributação, salvo os casos excepcionais contemplados na CF (Imposto de Renda – art. 153, III; e ICMS – art. 155, II, e § 2º, IX, a)" (MELO, 2005, p. 386)

Outros autores, por outro lado, não enxergam nenhum vício de inconstitucionalidade na cobrança do IPI sobre a importação de produtos industrializados. Seus argumentos são: a) a regra-matriz constitucional do IPI exige apenas a operação com o produto industrializado, não havendo relevância no fato de a industrialização ter ocorrido fora do território nacional; b) a não incidência do IPI sobre os produtos industrializados oriundos do exterior teria como consequência a tributação mais onerosa do produto nacional em comparação com o produto estrangeiro, violando assim o princípio da isonomia e prejudicando a indústria nacional; c) ainda que houvesse uma tributação de fato não abarcado pela hipótese de incidência do IPI, ainda assim estar-se-ia dentro da competência constitucional da União, detentora do poder de tributar as importações.

Dentre os doutrinadores adeptos da segunda corrente, podemos citar Paulo de Barros Carvalho:

> "O Imposto sobre Produtos Industrializados proporciona curiosas conclusões (…) É que deparamos, não com uma, mas com duas regras-matrizes ou duas faixas autônomas de incidência. (…) Ora, é evidente que as hipóteses são diversas, quer no critério material (verbos e complementos que não coincidem), quer no critério espacial (no primeiro caso, qualquer lugar do território nacional; no segundo, apenas os locais específicos das repartições aduaneiras), seja, por fim, no critério temporal (o IPI da industrialização incide no instante em que o produto deixa o estabelecimento industrial, ao passo que na importação se dá no momento do ato do desembaraço aduaneiro). Além disso, as bases de cálculo são bem diferentes: enquanto na industrialização é o preço da operação na saída do produto, no fato da importação é o valor que servir de base para o cálculo dos tributos aduaneiros, acrescido do montante desses e dos encargos cambiais devidos pelo importador.
>
> O binômio hipótese de incidência/base de cálculo indica tratar-se de impostos diferentes, sob a mesma denominação – IPI. As grandezas escolhidas para dimensionar a materialidade de ambos os fatos são compatíveis, pelo que confirmam o critério material enunciado na lei. Restaria, então, perguntar se o legislador da União dispunha de competência constitucional para fazer o que fez. E a resposta, acreditamos, deve ser afirmativa, porque **o constituinte se refere, no art. 153, IV, a instituir IPI, não adscrevendo o verbo a ser agregado a esse complemento**, o que possibilitou ao legislador ordinário fazê-lo." (CARVALHO, 2013, p. 335-337, grifado pelo autor)

E de fato, o IPI não é um imposto vocacionado a tributar o próprio ato de industrialização. Sua materialidade não é a atividade industrial em si, mas sim o desembaraço, a alienação ou a arrematação de produtos industrializados, nos termos do artigo 46 do CTN.

A própria Constituição Federal, em seu artigo 153, faculta à União a instituição de imposto sobre "produtos industrializados", e não sobre a industrialização de produtos. Perceba que em relação a outros impostos, o foco foi uma atividade material, como a importação ou a exportação, o que não aconteceu com o IPI.

Por isso, o constituinte permitiu que o legislador complementar definisse o fato gerador do IPI dentro da materialidade "produtos industrializados". E interpretando o artigo 46 do CTN, chega-se à conclusão de que, ao separar nitidamente os fatos geradores do IPI, sua intenção foi justamente deixar claro a possibilidade de sua incidência de forma cumulativa, desde que se verifique no mundo fático as diferentes hipóteses de incidência ali desenhadas.

A jurisprudência do **STJ** trilha a posição acima explanada, reconhecendo como legítima a incidência do IPI sobre os produtos industrializados importados quando de seu desembaraço aduaneiro:

> PROCESSUAL CIVIL. RECURSO ESPECIAL. TRIBUTÁRIO. IPI INCIDENTE SOBRE PRODUTO IMPORTADO. LEGITIMIDADE.
>
> (...) 3. Ressalte-se que, não obstante a doutrina admita que na hipótese ocorra o *bis in idem* (que não se confunde com a bitributação em sentido estrito), a incidência tanto do imposto de importação quando do IPI, nas hipóteses de produtos importados, não viola a "discriminação constitucional de competências tributárias, pois tanto um como o outro imposto pertencem à competência de uma só pessoa política" (MACHADO, Hugo de Brito. Comentários ao Código Tributário Nacional, v. I, São Paulo: Atlas, 2003, p, 475).
>
> (...) (REsp 660.192, Rel. Min, Denise Arruda, 1ª Turma, DJ 02.08.2007)
>
> TRIBUTÁRIO. IPI. INCIDÊNCIA PRODUTOS IMPORTADOS. IMPOSTO DEVIDO. EXIGÊNCIA DO RECOLHIMENTO NO DESEMBARAÇO ADUANEIRO.
>
> 1 – Um dos fatos geradores do IPI, a teor do art. 46, inciso I, do Código Tributário Nacional, é o seu desembaraço aduaneiro, e, quando caracterizado, incide o IPI em produtos importados.
>
> 2 – **Não é o ato de industrialização que gera a incidência do IPI, posto que este recai no produto objeto da industrialização**.
>
> 3 – Recurso improvido. (Precedente: REsp nº 180.131/SP – Relator Ministro José Delgado) (REsp 216.217, Rel. Min. José Delgado, 1ª Turma, j. 07/10/1997, DJ 29/11/1999, grifado pelo autor)

Essa orientação foi consagrada em sede de recurso repetitivo no STJ:

> (...) os produtos importados estão sujeitos a uma nova incidência do IPI quando de sua saída do estabelecimento importador na operação de revenda, mesmo que não tenham sofrido industrialização no Brasil.
>
> 2. Não há qualquer ilegalidade na incidência do IPI na saída dos produtos de procedência estrangeira do estabelecimento do importador,

já que equiparado a industrial pelo art. 4º, I, da Lei n. 4.502/64, com a permissão dada pelo art. 51, II, do CTN.

3. Interpretação que não ocasiona a ocorrência de bis in idem, dupla tributação ou bitributação, porque a lei elenca dois fatos geradores distintos, o desembaraço aduaneiro proveniente da operação de compra de produto industrializado do exterior e a saída do produto industrializado do estabelecimento importador equiparado a estabelecimento produtor, isto é, a primeira tributação recai sobre o preço de compra onde embutida a margem de lucro da empresa estrangeira e a segunda tributação recai sobre o preço da venda, onde já embutida a margem de lucro da empresa brasileira importadora. Além disso, não onera a cadeia além do razoável, pois o importador na primeira operação apenas acumula a condição de contribuinte de fato e de direito em razão da territorialidade, já que o estabelecimento industrial produtor estrangeiro não pode ser eleito pela lei nacional brasileira como contribuinte de direito do IPI (os limites da soberania tributária o impedem), sendo que a empresa importadora nacional brasileira acumula o crédito do imposto pago no desembaraço aduaneiro para ser utilizado como abatimento do imposto a ser pago na saída do produto como contribuinte de direito (não-cumulatividade), mantendo-se a tributação apenas sobre o valor agregado.

4. Precedentes: REsp. n. 1.386.686 – SC, Segunda Turma, Rel. Min. Mauro Campbell Marques, julgado em 17.09.2013; e REsp. n. 1.385.952 – SC, Segunda Turma, Rel. Min. Mauro Campbell Marques, julgado em 03.09.2013. **Superado o entendimento contrário veiculado nos EREsp. nº 1.411749-PR, Primeira Seção, Rel. Min. Sérgio Kukina, Rel. p/acórdão Min. Ari Pargendler, julgado em 11.06.2014**; e no REsp. n. 841.269 – BA, Primeira Turma, Rel. Min. Francisco Falcão, julgado em 28.11.2006.

5. Tese julgada para efeito do art. 543-C, do CPC: "os produtos importados estão sujeitos a uma nova incidência do IPI quando de sua saída do estabelecimento importador na operação de revenda, mesmo que não tenham sofrido industrialização no Brasil".

6. Embargos de divergência em Recurso especial não providos. Acórdão submetido ao regime do art. 543-C do CPC e da Resolução STJ 08/2008. (EREsp 1.403.532, 1ª Seção, j. 14.10.2015)

Pode-se concluir, diante disso, que não é ilegal a nova incidência de IPI no momento da saída de produto de procedência estrangeira do estabelecimento do importador, após a incidência anterior do tributo no desembaraço aduaneiro (STJ, REsp 1.429.656, j. 11.02.2014).

O STJ inclusive foi explícito no sentido de que os produtos importados estão sujeitos a nova incidência do IPI quando de sua saída do estabelecimento do importador na operação de revenda, **mesmo que não tenham sofrido industrialização no Brasil** (EREsp 1.403.532, j. 14.10.2015, submetido à sistemática dos recursos repetitivos)

Até mesmo no caso de bem importado por meio de contrato de **leasing financeiro**, o STJ entende legítima a incidência do IPI no desembaraço aduaneiro (AgRg no REsp 1.136.713, rel. min. Arnaldo Esteves Lima, 1ª Turma).

O **STF** possui decisões no mesmo sentido, a saber: RE 429.306, rel. min. Joaquim Barbosa, Segunda Turma, DJ de 16.03.2011 e RE 612.083, rel. min. Cármen Lúcia, DJ de 27.05.2011.

Em **provas discursivas e orais** para os cargos de Procurador da Fazenda Nacional e Auditor-fiscal da Receita Federal, deve-se defender a constitucionalidade da incidência do IPI sobre os produtos industrializados estrangeiros quando de seu desembaraço aduaneiro. O tema, inclusive, já foi objeto da peça processual da segunda fase do concurso de Procurador da Fazenda Nacional realizado em 2012, como se pode ver ao final deste capítulo.

Em provas objetivas, deve-se atentar para a literalidade do CTN, como se pode ver da seguinte assertiva considerada **correta** pela ESAF, em 2007, no concurso de Procurador da Fazenda Nacional: "A legislação do IPI esclarece que o fato gerador desse imposto é o desembaraço aduaneiro, quando de procedência estrangeira, considerando-se ocorrido esse desembaraço relativamente à mercadoria que constar como tendo sido importada e cujo extravio seja verificado pela autoridade fiscal".

**c) arrematação, quando apreendido ou abandonado e levado a leilão**

Este último inciso do artigo 46 do CTN não merece grandes considerações, até porque não é sequer previsto no Regulamento do IPI (Decreto 7.212/2010).

## 3. CONTRIBUINTE

O artigo 51 do CTN traz os contribuintes do IPI:

> Art. 51. Contribuinte do imposto é:
>
> I – o importador ou quem a lei a ele equiparar;
>
> II – o industrial ou quem a lei a ele equiparar;
>
> III – o comerciante de produtos sujeitos ao imposto, que os forneça aos contribuintes definidos no inciso anterior;

IV – o arrematante de produtos apreendidos ou abandonados, levados a leilão.

Parágrafo único. Para os efeitos deste imposto, considera-se contribuinte autônomo qualquer estabelecimento de importador, industrial, comerciante ou arrematante.

O inciso I do artigo 51 do CTN define o importador como contribuinte do IPI, albergando a mesma discussão sobre a constitucionalidade da incidência do IPI sobre o desembaraço aduaneiro de produtos industrializados estrangeiros.

No caso de importador pessoa física, contudo, a jurisprudência tem afastado a aplicação do referido inciso, entendendo o **STJ** que **não incide o IPI na importação de veículo por pessoa física destinado a uso próprio**, uma vez que o fato gerador dessa exação seria uma operação de natureza mercantil ou assemelhada (REsp 1.365.897, Rel. Min. Eliana Calmon, 2ª Turma, DJe 14/08/2013).

O **STF**, igualmente, possui vários julgados no sentido de que não incide o IPI em importação de veículo automotor, para uso próprio, por pessoa física.

O CTN elenca também o industrial ou quem a lei a ele equiparar. O artigo 9º do Decreto 7.212/2010 traz um extenso rol de estabelecimentos equiparados a industrial, mencionando-se exemplificativamente:

a) os estabelecimentos importadores de produtos de procedência estrangeira, que derem saída a esses produtos;

b) os estabelecimentos, ainda que varejistas, que receberem, para comercialização diretamente da repartição que os liberou, produtos importados por outro estabelecimento da mesma firma;

c) as filiais e demais estabelecimentos que exercerem o comércio de produtos importados, industrializados ou mandados industrializar por outro estabelecimento da mesma firma, salvo se aqueles operarem exclusivamente na venda a varejo e não estiverem enquadrados na hipótese descrita na letra "b" acima;

d) os estabelecimentos comerciais de produtos cuja industrialização tenha sido realizada por outro estabelecimento da mesma firma ou de terceiro, mediante a remessa, por eles efetuada, de matérias-primas, produtos intermediários, embalagens, recipientes, moldes, matrizes ou modelos.

Por fim, deve-se mencionar ainda que o decreto citado acima, prevê, em seu artigo 11, a possibilidade de estabelecimentos comerciais e cooperativas optarem pela equiparação a estabelecimento industrial.

## 4. BASE DE CÁLCULO E ALÍQUOTAS

O artigo 47 do CTN trata da base de cálculo do IPI:

"Art. 47. A base de cálculo do imposto é:

I – no caso do inciso I do artigo anterior, o preço normal, como definido no inciso II do artigo 20, acrescido do montante:

a) do Imposto sobre a Importação;

b) das taxas exigidas para entrada do produto no País;

c) dos encargos cambiais efetivamente pagos pelo importador ou dele exigíveis;

II – no caso do inciso II do artigo anterior:

a) o valor da operação de que decorrer a saída da mercadoria;

b) na falta do valor a que se refere a alínea anterior, o preço corrente da mercadoria, ou sua similar, no mercado atacadista da praça do remetente;

III – no caso do inciso III do artigo anterior, o preço da arrematação."

O primeiro inciso trata da base de cálculo do IPI incidente sobre a importação de produtos industrializados estrangeiros quando de seu desembaraço aduaneiro. Nesse caso, a base de cálculo será o preço normal do produto acrescido do valor devido a título de Imposto de Importação, das taxas exigidas para entrada do produto no País e dos encargos cambiais.

Em se tratando do fato gerador "saída do estabelecimento", a base de cálculo do IPI será o **valor da operação** ou, na falta desse valor, o preço corrente da mercadoria, ou sua similar, no mercado atacadista da praça do remetente.

A Lei 4.502/64 define que o valor da operação compreende o preço do produto, acrescido do valor do frete e das demais despesas acessórias, cobradas ou debitadas pelo contribuinte ao comprador ou destinatário (art. 14, § 1º). Esse valor da operação inclui até mesmo o valor pago a título de ICMS, como reconhece a jurisprudência do **STJ**:

TRIBUTÁRIO. IMPOSTO SOBRE PRODUTOS INDUSTRIALIZADOS – IPI. INCLUSÃO DO ICMS NA BASE DE CÁLCULO DO IPI.

1. A jurisprudência desta Corte é pacífica em proclamar a inclusão do ICMS na base de cálculo do IPI. Precedentes: REsp. Nº 610.908 – PR, Segunda Turma, Rel. Min. Eliana Calmon, julgado em 20.9.2005, AgRg no REsp.Nº 462.262 – SC, Segunda Turma, Rel. Min. Humberto Martins, julgado em 20.11.2007.

2. Recurso especial não provido. (REsp 675.663, Rel. Min. Mauro Campbell Marques, 2ª Turma, DJe 30.09.2010)

Ainda no que diz respeito ao valor da operação, existe discussão no que diz respeito à dedução dos **descontos incondicionais** da base de cálculo do IPI. Descontos incondicionais são aqueles concedidos pelo vendedor sem a necessidade de se indagar sobre a ocorrência de qualquer evento futuro. São os descontos concedidos no momento da compra, já destacados do preço do produto.

Apesar de o valor da operação ser aquele já subtraído de tais descontos, o artigo 14, § 2º da Lei 4.502/64, alterado pela Lei 7.798/89, determina que "não podem ser deduzidos do valor da operação os descontos, diferenças ou abatimentos, concedidos a qualquer título, **ainda que incondicionalmente**".

Esse dispositivo, favorável aos cofres públicos, tem sido censurado pela jurisprudência do **STJ**:

> PROCESSUAL CIVIL – TRIBUTÁRIO – RECURSO ESPECIAL – IMPOSTO SOBRE PRODUTOS INDUSTRIALIZADOS – INCIDÊNCIA SOBRE O VALOR DA OPERAÇÃO – DEDUÇÃO DE DESCONTOS INCONDICIONAIS
>
> (…)
>
> 2. A base de calculo do IPI, nos termos do art. 47, II, "a" do CTN,e o valor da operação de que decorrer a saída da mercadoria.
>
> 3. A lei 7.798/89, ao conferir nova redação ao § 2º do art. 14 da lei 4.502/64 (RIPI) e imprimir a redução dos descontos incondicionais, permitiu a incidência da exação sobre base de cálculo que não corresponde ao valor da operação, em flagrante contrariedade à disposição contida no art. 47, II, "a" do CTN. Os descontos incondicionais não compõem a real expressão econômica da operação tributada, sendo permitida a dedução desses valores da base de cálculo do IPI.
>
> (…)
>
> (REsp 1.149.424, Rel. Min. Eliana Calmon, 1ª Seção)

Em setembro de 2014, o **STF, no RE 567.935** (julgado sob o regime de repercussão geral), declarou a **inconstitucionalidade do artigo 14, § 2º da Lei 4.502/64**, alterado pela Lei 7.798/89. Entendeu a Suprema Corte que o legislador ordinário, ao incluir os descontos incondicionais no cálculo do IPI, invadiu a competência da lei complementar, já que fatos geradores, bases de cálculo e contribuintes dos impostos previstos na Constituição estão fixados no Código Tributário Nacional.

## ▶ É possível que a base de cálculo do IPI seja fixa?

Sim, a base de cálculo do IPI pode ser fixa, de acordo com o art. 3º da Lei 7.789/89, que presume valores fixos para o imposto (**pautas fiscais**). A referida norma, que permite ao Poder Executivo estabelecer classes de valores correspondentes ao IPI a ser pago, tem sido questionada nos tribunais, sob o fundamento de afronta ao princípio da legalidade e por não ser fiel ao valor da operação previsto no CTN como base de cálculo do IPI.

A discussão teve a repercussão geral reconhecida pelo STF no **RE 602.917**, no qual a Corte se pronunciará sobre a matéria.

Quanto às alíquotas do IPI, deve-se lembrar que estas podem ser alteradas por ato infralegal do Poder Executivo, o que frequentemente é noticiado na imprensa, como uma forma de influenciar no consumo dos produtos industrializados.

As alíquotas do IPI devem também ser seletivas, onerando de forma mais gravosa os produtos supérfluos, não essenciais.

## 5. LANÇAMENTO

O IPI tem seu lançamento realizado **por homologação**. O contribuinte apura os elementos da obrigação tributária, e já recolhe o montante devido antes de qualquer intervenção do Fisco, que contudo poderá realizar o lançamento de ofício se for o caso.

A Lei 4.502/64 possui dispositivos bastante elucidativos a respeito:

> "art. 20: O lançamento consistirá na descrição da operação que o originar e do produto a que se referir, na classificação fiscal deste no cálculo do imposto devido e no registro de seu valor, em parcela destacada, na guia ou na nota fiscal em que deva ser efetuado.
>
> Parágrafo único: O lançamento é de exclusiva responsabilidade do contribuinte.
>
> Art. 21: A autoridade administrativa efetuará de ofício o lançamento mediante a instauração do processo fiscal, quando o contribuinte não o fizer na época própria ou fizer em desacordo com as normas desta lei."

Percebe-se que os dispositivos legais acima explicitam os conceitos de lançamento por homologação e lançamento de ofício, previstos no CTN.

## 6. A NÃO CUMULATIVIDADE DO IPI

O IPI é, assim como o ICMS, um imposto plurifásico, ou seja, incide mais de uma vez sobre um mesmo bem em diversas etapas da cadeia de produção/circulação.

Desse modo, determinado produto industrializado sofrerá a incidência do IPI sucessivas vezes, até a sua elaboração final. A cada etapa, o bem terá um acréscimo de valor por conta de determinado beneficiamento, por conta de determinado insumo acrescido ao produto.

Caso o IPI incidisse de forma cumulativa, sem considerar os valores já pagos em etapas anteriores, haveria uma múltipla incidência sobre um mesmo produto industrializado, que poderia ser utilizado como insumo de outro produto, e assim sucessivamente.

Deve-se atentar, contudo, que mesmo a incidência monofásica acarreta uma cumulatividade, ainda que pouco percebida, pois mesmo os bens de capital adquiridos por uma indústria terão sua carga tributária repassada ao consumidor final, adquirente do produto industrializado. Essa perspicaz observação é feita por Misabel Abreu Machado Derzi:

> "Tanto a plurifasia como a monofasia (na verdade, falsa monofasia) podem levar à cumulação, ou seja, se considerarmos cada fase de comercialização isoladamente, as aquisições relativas a investimentos, bens do ativo permanente ou bens de uso e consumo podem desencadear cumulação, com efeitos negativos, tanto em relação aos preços quanto ao consumo. (...) o valor da aquisição dos bens do ativo fixo, como maquinários e outros de consumo do estabelecimento, vem amortizado no valor de venda das mercadorias ou produtos vendidos para o consumidor final. É evidente que, se tiver havido incidência do imposto nas compras de bens de uso e consumo, ou daqueles que se destinam a integrar o ativo permanente do estabelecimento comercial ou industrial, haverá nova incidência cumulativa sobre o valor das mercadorias-saídas do mesmo estabelecimento" (DERZI, 2015, p. 615)

► **Qual a finalidade da tributação não cumulativa?**

A não cumulatividade visa impedir a censurável tributação "em cascata", pela qual o tributo plurifásico incidiria diversas vezes sobre a mesma base econômica.

A técnica, ou princípio, da não cumulatividade é prevista constitucionalmente, determinando o art. 153, § 3º, II da CF que o IPI "será não-cumulativo, compensando-se o que for devido em cada operação com o montante cobrado nas anteriores."

Referida norma constitucional não carece de regulamentação para ser invocada pelos contribuintes, como observa Leandro Paulsen:

> "A norma constitucional que estabelece a não-cumulatividade assegura o contribuinte independentemente de qualquer regulamentação.

O dispositivo constitucional é suficiente em si na medida em que proclama a não cumulatividade e dispõe sobre o modo como se dará. É, por isso, autoaplicável. (...) O inciso em questão, portanto, é fundamento suficiente para que o contribuinte realize o creditamento e a respectiva compensação. Eventual pretensão deduzida em juízo também pode tê-lo como suporte direto e exclusivo." (PAULSEN e MELO, 2012, p. 99)

O artigo 49 do CTN refere-se à não cumulatividade do IPI da seguinte forma:

> "art. 49. O imposto é não-cumulativo, dispondo a lei de forma que o montante devido resulte da diferença a maior, em determinado período, entre o imposto referente aos produtos saídos do estabelecimento e o pago relativamente aos produtos nele entrados.
>
> Parágrafo único. O saldo verificado, em determinado período, em favor do contribuinte, transfere-se para o período ou período seguintes."

Em sede infralegal, temos o artigo 225 do Decreto 7.212/10:

> "art. 225. A não cumulatividade é efetivada pelo sistema de crédito do imposto relativo a produtos entrados no estabelecimento do contribuinte, para ser abatido do que for devido pelos produtos dele saídos, num mesmo período (...)"

► **Como se opera, então, a não cumulatividade do IPI?**

Em um determinado período, apuram-se os valores já cobrados na operação anterior (créditos) e os valores devidos nas operações subsequentes (débitos). Ou seja, os insumos e matérias-primas industrializados adquiridos pelo estabelecimento industrial, que serão utilizados no processo de industrialização, representam créditos de IPI, uma vez que em relação a estes insumos há um valor pago a título de IPI quando de sua saída do estabelecimento industrial alienante. O estabelecimento industrial que adquire esses insumos, ao comprá-los, pagou, ainda que embutido no preço, o respectivo valor de IPI incidente na operação. Ao empregar o insumo no seu produto e aliená-lo, poderá utilizar o crédito de IPI das operações anteriores de forma a evitar a tributação em cascata, o que ocorreria se o IPI incidisse novamente sobre o valor total do novo produto sem o abatimento dos valores já pagos a título de IPI na aquisição dos insumos.

Dessa forma, durante um período, computam-se todos os débitos de IPI do estabelecimento industrial (correspondentes aos produtos industrializados por ele alienados), assim como os créditos de IPI do mesmo estabelecimento (correspondentes aos valores já pagos a título de

IPI em relação aos produtos industrializados que ingressaram no estabelecimento).

A diferença entre esses dois montantes resultará no valor a ser pago pelo estabelecimento, desde que, logicamente, o montante correspondente aos débitos seja superior ao montante correspondente aos créditos. Caso o montante correspondente aos créditos seja superior, o saldo positivo é transferido para o período de apuração seguinte.

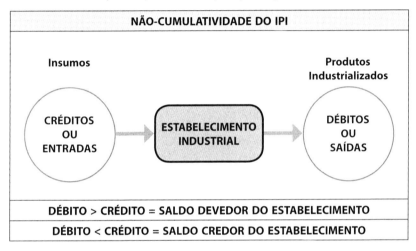

Algumas observações são necessárias.

Em primeiro lugar, tem-se que, para a utilização dos créditos, basta a ocorrência da operação de aquisição do produto industrializado por estabelecimento industrial. **Não é necessário, para o creditamento, que haja o efetivo pagamento do IPI devido na operação anterior**.

Desse modo, suponhamos que o alienante de um insumo tributado pelo IPI não pague o referido imposto incidente sobre esse insumo, vendido a um outro estabelecimento industrial. Esse último poderá utilizar o crédito referente à incidência do IPI sobre o insumo, ainda que o industrial alienante nunca pague o tributo.

▶ **Também é irrelevante a saída do produto industrializado em que se empregou o insumo que ensejou o creditamento**. O que importa é a aquisição de produtos tributados pelo IPI, a serem empregados no processo de industrialização, e a saída de produtos industrializados. Não interessa que os produtos saídos do estabelecimento industrial sejam os mesmos em que se empregou o insumo ensejador do crédito.

A energia elétrica, contudo, "não pode ser considerada como insumo e não gera direito à crédito a ser compensado com o montante devido a título de IPI na operação de saída do produto industrializado" (**STF**, RE AgR 573.217, 1ª Turma, Rel. Min. Luiz Fux, DJe 20.03.2013).

Diz-se que os créditos do IPI possuem três **características**, sendo físicos, reais e condicionados.

▶ **Porque se diz que os créditos do IPI são físicos, reais e condicionados?**

**Físico** porque o crédito do IPI só existe se o produto industrializado adquirido pelo estabelecimento industrial for utilizado fisicamente no processo de industrialização. Caso a aquisição do produto seja destinada à incorporação do bem no ativo permanente do estabelecimento (caso em que o adquirente se enquadra como destinatário final do produto), não haverá direito ao creditamento.

O creditamento de todo e qualquer produto industrializado adquirido por estabelecimento industrial, sem se perquirir a respeito de sua utilização ou não no processo de industrialização, representa a caracterização do **crédito financeiro**, regime de creditamento que **não foi adotado no Brasil para o IPI** (veremos que tributos como as contribuições para o PIS e a COFINS possuem regramentos diferentes quanto à sua não cumulatividade).

Nesse sentido tem-se a jurisprudência do STF:

> AGRAVO REGIMENTAL RECURSO EXTRAORDINÁRIO. IPI. CREDITA-MENTO. BENS DESTINADOS AO ATIVO FIXO. IMPOSSIBILIDADE. PRECEDENTES.
>
> **O critério constitucional da não cumulatividade adota o regime do crédito físico**. Assim, **para que ocorra o lançamento escritural, os insumos devem integrar-se fisicamente ao processo de industrialização** ou comercialização. Para que seja reconhecido o crédito na hipótese de que tratam os autos, na modalidade do regime financeiro, seria imprescindível previsão legal expressa nesse sentido. **A legislação aplicável ao IPI não contempla a possibilidade de apropriação de créditos com relação às operações que envolvem o ativo permanente**. Agravo regimental a que se nega provimento. (RE 598.048, 1ª Turma, Rel. Min. Luís Roberto Barroso, DJe 17.06.2014, grifado pelo autor)
>
> IMPOSTO SOBRE PRODUTOS INDUSTRIALIZADOS – IPI – PRINCÍPIO DA NÃO CUMULATIVIDADE – CRÉDITO – BENS INTEGRADOS AO ATIVO FIXO.

A aquisição de equipamentos que irão integrar o ativo fixo da empresa ou produtos destinados ao uso e consumo não gera o direito ao crédito, tendo em conta o fato de a adquirente ser destinatária final. (…) (RE 592.718, 1ª Turma, Rel. Min. Marco Aurélio, DJE 12.06.2013)

IMPOSTO SOBRE PRODUTOS INDUSTRIALIZADOS – IPI. BENS DESTINADOS AO ATIVO FIXO E DE USO E CONSUMO. DIREITO AO CREDITAMENTO. INEXISTÊNCIA

1. **O contribuinte do IPI não faz jus ao creditamento do valor do imposto incidente sobre as aquisições de bens destinados ao ativo fixo da empresa ou de produtos de uso e consumo, haja vista apresentar-se como destinatário final das mercadorias.**

2. É que o direito ao creditamento decorre do princípio da não-cumulatividade, cuja razão de ser é alicerçada sobre o direito de o contribuinte não sofrer tributação em cascata, hipótese caracterizada quando o valor a ser pago na operação posterior não sofre a diminuição do que pago anteriormente. O direito ao creditamento pressupõe, portanto, pagamento de tributo em pelo menos uma das fases da etapa produtiva e, essencialmente, saída onerada.

3. Consoante o magistério de Ricardo Lobo Torres, no Curso de Direito Financeiro e Tributário (2010: 381), o IPI atua 'através da compensação financeira do débito gerado na saída com os créditos correspondentes às operações anteriores, que são físicos, reais e condicionados. **O crédito é físico porque decorre do imposto incidente na operação anterior sobre a mercadoria efetivamente empregada no processo de industrialização**. É real porque apenas o montante cobrado (= incidente) nas operações anteriores dá direito ao abatimento, não nascendo o direito ao crédito nas isenções ou não-incidências. É condicionado à ulterior saída tributada, estornando-se o crédito da entrada se houver desgravação na saída'.

4. *In casu*, em sendo o contribuinte o destinatário final da mercadoria sobre a qual incide o imposto, não há a necessária dupla incidência tributária que justifique a compensação, o que afasta, em consequência, o direito ao creditamento. (RE AgR 387.592, 1ª Turma, Rel. Min Luiz Fux, grifado pelo autor).

Sobre esse tema, o **STJ** editou a súmula 495: "A aquisição de bens integrantes do ativo permanente da empresa não gera direito a creditamento de IPI".

Esse entendimento está em consonância com o Decreto 7.212/2010:

"art. 226. Os estabelecimentos industriais e os que lhes são equiparados poderão creditar-se:

I – do imposto relativo a matéria-prima, produto intermediário e material de embalagem, adquiridos para emprego na industrialização de produtos tributados, incluindo-se, entre as matérias-primas e os produtos intermediários, aqueles que, embora não se integrando ao novo produto, forem consumidos no processo de industrialização, **salvo se compreendidos entre os bens do ativo permanente**." (grifado pelo autor)

O crédito do IPI também é **real**, porque só subsiste se houver efetiva incidência na operação anterior, o que implica na impossibilidade de creditamento quando a operação anterior é objeto de isenção, não incidência, ou quando não houve gravame por conta de alíquota zero.

Tem-se ainda que o crédito do IPI é **condicionado**, já que só haverá o creditamento se a correspondente saída for tributada.

Essas duas últimas características demandam maior aprofundamento.

Anteriormente, o STF entendia que, em casos de insumos isentos, o estabelecimento industrial que os adquirisse ainda assim teria direito aos créditos referentes a essas **entradas desoneradas**. Ou seja, mesmo que, na operação anterior, não houvesse IPI devido por conta da isenção, ainda assim haveria o respectivo direito de crédito.

Um dos principais argumentos era o de que, caso não se reconhecesse o direito de crédito aos insumos isentos (**entradas desoneradas**), o benefício fiscal da isenção seria simplesmente anulado, já que, sendo o IPI plurifásico, o produto final teria exatamente a mesma carga tributária caso o insumo não fosse isento.

De acordo com o entendimento acima, um industrial que adquire insumos isentos pode abater, do montante devido no momento da apuração periódica dos créditos e débitos de IPI, os valores que, hipoteticamente, teriam sido pagos pelo vendedor dos insumos isentos caso não houvesse a norma isentiva. Para isso, deveria recorrer à tabela de alíquotas do IPI, aplicando, para descobrir o montante do crédito, a alíquota prevista para o insumo isento.

Em outros julgados, o STF estendeu essa manutenção de créditos do IPI de insumos isentos para outra formas desonerativas, como a alíquota zero. Nesse caso, contudo, não havia alíquota a ser utilizada para definição do *quantum* de crédito correspondente. A "solução" encontrada pela jurisprudência foi aplicar aos insumos sujeitos à alíquota zero a alíquota do produto em que o insumo seria utilizado, para fins de creditamento.

RECURSO EXTRAORDINÁRIO – AQUISIÇÃO DE MATÉRIAS-PRIMAS, INSUMOS E PRODUTOS INTERMEDIÁRIOS SOB REGIME DE ISENÇÃO OU DE ALÍQUOTA ZERO – DIREITO AO CREDITAMENTO DO IPI RECO-NHECIDO À EMPRESA CONTRIBUINTE – ALEGAÇÃO DE OFENSA AOS PRINCÍPIOS DA NÃO-CUMULATIVIDADE (CF, ART. 153, § 3º, II) E DA SEPARAÇÃO DE PODERES (CF, ART. 2º) – PRETENDIDO DESRESPEITO AO ART. 150, § 6º DA CONSTITUIÇÃO – INOCORRÊNCIA – RECURSO DE AGRAVO IMPROVIDO.

O Plenário do Supremo Tribunal Federal reconheceu, em favor da empresa contribuinte, a existência do direito ao creditamento do IPI, na hipótese em que a aquisição de matérias-primas, insumos e produtos intermediários tenha sido beneficiada por regime jurídico de exoneração tributária (regime de isenção ou regime de alíquota zero), inocorrendo, em qualquer desses casos, situação de ofensa ao postulado constitucional da não-cumulatividade. Precedentes. (RE-AgR 293.511, Rel. Min. Celso de Mello, 2ª Turma, DJ 21.03.2003)

**Posteriormente, contudo, o STF mudou sua posição**, passando a entender que o contribuinte do IPI não possui o direito de creditar-se do valor do tributo incidente sobre insumos adquiridos sob regime de isenção, não tributados ou sujeitos à alíquota zero. O fundamento desses julgados foi o de que a Constituição permite a compensação do que é devido em cada operação com o montante **cobrado** nas operações anteriores. Quando os insumos são isentos, não tributados ou sujeitos à alíquota-zero, não há montante cobrado na operação anterior, não havendo, desse modo, o que ser compensado. O seguinte julgado ilustra bem essa orientação:

AGRAVO REGIMENTAL NO AGRAVO DE INSTRUMENTO. DIREITO CONSTITUCIONAL E TRIBUTÁRIO. IMPOSTO SOBRE PRODUTOS INDUS-TRIALIZADOS – IPI. INSUMOS ISENTOS, SUJEITOS À ALÍQUOTA ZERO OU NÃO TRIBUTADOS. PRODUTO FINAL TRIBUTADO. PRINCÍPIO DA NÃO-CUMULATIVIDADE. IMPOSSIBILIDADE DE APROVEITAMENTO DE CRÉDITOS. AGRAVO REGIMENTAL A QUE SE NEGA PROVIMENTO.

1. O artigo 153, § 3º, II, da Constituição dispõe que o IPI "será não--cumulativo, compensando-se o que for devido em cada operação com o montante cobrado nas anteriores".

2. O princípio da não-cumulatividade é alicerçado especialmente sobre o direito à compensação, o que significa que o valor a ser pago na operação posterior sofre a diminuição do que pago anteriormente, pressupondo, portanto, dupla incidência tributária. Assim, **se nada foi pago na entrada do produto, nada há a ser compensado**.

3. O aproveitamento dos créditos do IPI não se caracteriza quando a matéria-prima utilizada na fabricação de produtos tributados

reste desonerada, sejam os insumos isentos, sujeitos à alíquota zero ou não tributáveis. Isso porque **a compensação com o montante devido na operação subsequente pressupõe, necessariamente, a existência de crédito gerado na operação anterior, o que não ocorre nas hipóteses exoneratórias**.

4. In casu, o acórdão recorrido assentou: "TRIBUTÁRIO. IPI. CREDITA-MENTO. INSUMOS E MATÉRIA-PRIMA ADQUIRIDOS SOB REGIME DE ISENÇÃO, ALÍQUOTA ZERO OU NÃO INCIDÊNCIA. PRINCÍPIO DA NÃO CUMULATIVIDADE. 1. Autoriza-se a apropriação dos créditos decorrentes de insumos, matéria-prima e material de embalagem adquiridos sob o regime de isenção, tão somente quando o forem junto à Zona Franca de Manaus, certo que inviável o aproveitamento dos créditos para a hipótese de insumos que não foram tributados ou suportaram a incidência à alíquota zero, na medida em que a providência substancia, em verdade, agravo ao quanto estabelecido no art. 153, § 3º, inciso II da Lei Fundamental, já que havida opção pelo método de subtração variante imposto sobre imposto, o qual não se compadece com tais creditamentos inerentes que são à variável base sobre base, que não foi o prestigiado pelo nosso ordenamento constitucional. 2. Incabível a correção monetária, posto se tratar de crédito escritural, na linha de precedentes do C. STF. 3. O prazo prescricional é de cinco anos, nos termos do art. 1º do Decreto nº 20.901/32. 4. Apelação parcialmente provida."

5. Agravo regimental a que se nega provimento. (STF, AI 717.741, Rel. Min. Luiz Fux, 1ª Turma, DJe 19.04.2012, grifado pelo autor)

O crédito do IPI também se caracteriza como **condicionado**, o que significa que o crédito só será utilizado caso a operação de saída do produto também seja tributada. Em outras palavras, o contribuinte não pode se creditar ou se compensar do IPI quando incidente o tributo sobre insumos ou matérias-primas utilizados na industrialização de produtos isentos ou tributados com alíquota zero. O raciocínio aqui é o mesmo empregado na sistemática explicada acima, a respeito da inexistência do direito de crédito em relação aos insumos isentos ou não tributados.

A jurisprudência entende que, como não há tributo devido na operação de saída, não se aperfeiçoa o ciclo da não cumulatividade previsto na Constituição Federal, pois a compensação só pode ocorrer entre o que for **devido** em cada operação com o montante cobrado nas anteriores.

Se não há tributo devido na operação de saída, não se justifica a manutenção dos créditos nas operações de entrada dos insumos, já que não haveria o ciclo previsto na Constituição.

Se na operação final verifica-se isenção ou alíquota zero, não existirá compensação do que recolhido anteriormente, em face da ausência de objeto (não há IPI devido a ser compensado).

Isso não impede, contudo, que a lei ordinária autorize a manutenção e utilização de créditos do IPI mesmo quando a saída não for tributada. Inexistindo autorização legal, contudo, os créditos nas operações de entrada devem ser anulados quando o produto elaborado não for tributado.

Ou seja, pelo regime constitucional, quando os produtos industrializados saem do estabelecimento industrial sob alguma modalidade desonerativa (isenção ou alíquota zero), os créditos referentes aos insumos utilizados no produto devem ser anulados, **salvo se houver disposição legal determinando o contrário**.

Em 1999, o **artigo 11 da Lei 9.799/99** trouxe a autorização legal para a utilização dos créditos do IPI mesmo quando os referidos insumos fossem utilizados em produtos não tributados. Assim dispõe o texto legal:

> "art. 11. O saldo credor do Imposto sobre Produtos Industrializados – IPI, acumulado em cada trimestre-calendário, decorrente de aquisição de matéria-prima, produto intermediário e material de embalagem, aplicados na industrialização, inclusive de produto isento ou tributado à alíquota zero, que o contribuinte não puder compensar com o IPI devido na saída de outros produtos, poderá ser utilizado de conformidade com o disposto nos arts. 73 e 74 da Lei nº 9.430, de 27 de dezembro de 1996, observadas normas expedidas pela Secretaria da Receita Federal do Ministério da Fazenda."

Assim, a partir da Lei 9.799/99, o contribuinte passou a ter o direito de compensar os créditos oriundos de insumos utilizados na industrialização de produtos não tributados (**saídas desoneradas**), invertendo-se a regra anteriormente aplicada.

Os contribuintes, contudo, entendiam que o referido direito existia mesmo antes do advento da Lei 9.799/99. Argumentavam que o direito de compensar os créditos decorrentes da entrada de produtos tributados, nos casos desses produtos serem utilizados na elaboração de produtos isentos ou tributados à alíquota zero, decorria diretamente da Constituição, sendo desnecessária a existência de autorização legal para tanto.

Insurgiram-se, assim, contra o artigo 4º da Instrução Normativa nº 33/1999, da Secretaria da Receita Federal, que assim dispunha:

> Art. 4º O direito ao aproveitamento, nas condições estabelecidas no art. 11 da Lei no 9.779, de 1999, do saldo credor do IP I decorrente da aquisição de matéria-prima, produto intermediário e material de

embalagem aplicados na industrialização de produtos, inclusive imunes, isentos ou tributados à alíquota zero, alcança, exclusivamente, os insumos recebidos no estabelecimento industrial ou equiparado a partir de 1o de janeiro de 1999.

O **STF**, contudo, entendeu que o direito ao aproveitamento dos créditos de IPI, nos termos do artigo 11 da Lei 9.799/99, só se tornou possível a partir de 1º de janeiro de 1999, uma vez que referido direito não decorria diretamente da Constituição, dependendo de expressa previsão legal.

Segundo a Corte Suprema, **antes da vigência da Lei 9.799/99, não era possível o contribuinte se creditar ou se compensar do IPI quando incidente o tributo sobre os insumos ou matérias-primas utilizados na industrialização de produtos isentos ou tributados com alíquota zero** (**RE 460.785 e RE 562.980**). No voto do relator, Ministro Marco Aurélio, foi consignado que só se poderia falar em princípio da não cumulatividade quando houvesse a dupla incidência (na entrada e na saída). Além disso, a utilização de créditos do IPI no caso em apreço revelaria verdadeiro benefício fiscal, razão pela qual dependeria de previsão legal expressa, nos termos do art. 150, § 6º da CF.

O STJ seguiu a mesma orientação:

> RECURSO ESPECIAL. TRIBUTÁRIO. IPI. INSUMOS. ISENÇÃO. CREDITAMENTO. PRINCÍPIO DA NÃO CUMULATIVIDADE. ART. 11 DA LEI N. 9.779/99. IRRETROATIVIDADE. REPERCUSSÃO GERAL.
>
> 1. "A ficção jurídica prevista no artigo 11 da Lei n. 9.779/99 não alcança situação reveladora de isenção do Imposto sobre Produtos Industrializados – IPI que a antecedeu" (RE 562.980/SC, Rel. p/ acórdão Min. Marco Aurélio, j. 6/5/2009, DJe 4/9/2009).
>
> 2. A Primeira Seção, no julgamento do REsp 860.369/PE, sob a sistemática do art. 543-C do CPC, reajustou seu entendimento ao da Suprema Corte para concluir que, antes do advento da Lei n. 9.779/99, o contribuinte não poderia se creditar do IPI incidente sobre os insumos ou matérias-primas utilizados na industrialização de produtos isentos ou tributados com alíquota zero.
>
> 3. Recurso especial a que se nega provimento. (REsp 1.060.355, 2ª Turma, Rel. Min. Og Fernandes, DJe 25.06.2014)

Toda essa disciplina dos créditos do IPI, quando as entradas ou as saídas são desoneradas, remete às previsões constitucionais relativas ao **ICMS**. Para esse imposto estadual, a Constituição prevê expressamente que **a isenção ou não incidência, salvo determinação em contrário da legislação, não implicará crédito para compensação com o montante**

**devido nas operações ou prestações seguintes** (CF, art. 155, § 2º II, 'a'). Ou seja, o que é previsto expressamente na Constituição para o ICMS foi construído jurisprudencialmente para o IPI, estando hoje pacificado para esse imposto que a aquisição de insumos isentos ou sujeitos à alíquota zero não gera direito de crédito para compensação com os débitos das etapas seguintes.

Também para o ICMS a Constituição é expressa no sentido de que **a isenção ou não incidência, salvo determinação em contrário da legislação, acarretará a anulação do crédito relativo às operações anteriores** (CF, art. 155, § 2º, II, 'b'). Essa determinação foi igualmente aplicada ao IPI pelo STF quando da decisão sobre a necessidade de previsão legal para que o contribuinte utilize os créditos oriundos de matérias-primas utilizadas em produto industrializado desonerado.

| CARACTERÍSTICAS DOS CRÉDITOS DO IPI | | |
|---|---|---|
| **FÍSICOS** | **REAIS** | **CONDICONADOS** |
| o crédito do IPI só existe se o insumo for utilizado fisicamente no processo de industrialização | só há crédito de IPI se houve efetiva incidência de IPI na operação enterior; entradas desoneradas não dão direito a crédito | só haverá crditamento do IPI se a respectiva saída for tributada, saídas desoneradas acrretam anulação do crédito respectivo |

▶ **O que significa dizer que os créditos do IPI são escriturais?**

Isso significa que não podem ser corrigidos monetariamente, a não ser que haja disposição legal assim determinando. A não cumulatividade garante apenas a compensação do IPI pago nas entradas com o IPI a ser recolhido nas saídas, não garantindo a correção monetária dos créditos excedentes. Não é outro o entendimento do **STF**, segundo o qual o princípio da não cumulatividade simplesmente confere ao contribuinte o direito ao crédito, não estabelecendo que será este corrigido, ou não (AgRg RE 351. 754, 2ª Turma).

Contudo, é aplicável a correção monetária dos créditos escriturais de IPI quando caracterizada a oposição injustificada do Fisco:

> "CONSTITUCIONAL. TRIBUTÁRIO. IPI. CRÉDITOS. CORREÇÃO MONETÁRIA. LIMITAÇÃO. EMBARGOS ACOLHIDOS.
>
> I – Incide correção monetária nos créditos de IPI devidos no período compreendido entre a ilegítima resistência do Estado em permitir

seu aproveitamento e o trânsito em julgado da decisão que possibilitou esse direito.

II – Embargos de declaração acolhidos." (STF, RE 445.119, Rel. Min. Ricardo Lewandowski, 1ª Turma, 04.09.2012)

Em sede de recurso especial julgado pela sistemática dos recursos repetitivos, o **STJ** fixou o entendimento de que a **oposição constante de ato estatal, administrativo ou normativo**, impedindo a utilização do direito de crédito oriundo da aplicação do princípio da não cumulatividade, descaracteriza referido crédito como escritural, assim considerado aquele oportunamente lançado pelo contribuinte em sua escrita contábil. Ocorrendo a vedação ao aproveitamento desses créditos, com o consequente ingresso no Judiciário, posterga-se o reconhecimento do direito pleiteado, exsurgindo legítima a necessidade de atualizá-los monetariamente, sob pena de enriquecimento sem causa do Fisco (REsp 1.035.847, 1ª Seção, Rel Min. Luiz Fux).

Depois de vários julgados no mesmo sentido, o **STJ** editou a **súmula 411**, segundo a qual "É devida a correção monetária ao creditamento do IPI quando há oposição ao seu aproveitamento decorrente de resistência ilegítima do Fisco".

Os créditos de IPI objeto de oposição ilegítima do Fisco deixam de ser escriturais, segundo o STJ, pois não estão mais acumulados na escrita fiscal para uso exclusivo no abatimento do IPI devido na saída.

---

### ▶ ATENÇÃO!!!!

**Referido entendimento jurisprudencial já foi objeto de indagação no concurso de Procurador Federal em 2010, quando o CESPE considerou correta a seguinte assertiva:**

✔ **"É devida a correção monetária de créditos escriturais de imposto sobre produtos industrializados na hipótese em que o seu não aproveitamento pelo contribuinte em tempo oportuno tenha ocorrido em razão da demora motivada por ato administrativo ou normativo do fisco considerado ilegítimo".**

---

## 7. O CRÉDITO-PRÊMIO DO IPI

O crédito-prêmio do IPI foi um benefício fiscal criado no ano de 1969 e destinado às empresas exportadoras, representando uma forma de o Governo Federal incentivar as exportações. Esse benefício foi criado pelo Decreto-Lei 491/1969, que concedia aos industriais exportadores um crédito calculado sobre as exportações. Com esse crédito, chamado de crédito-prêmio do IPI, o contribuinte poderia obter o ressarcimento de tributos pagos internamente.

Em síntese, a exportação de produtos industrializados dava ao industrial exportador um crédito que poderia ser utilizado na dedução do valor do IPI incidente sobre as operações no mercado interno. Se, após essa dedução, houvesse excedente de crédito, tal excesso poderia ser compensado em relação aos débitos de outros impostos federais, que não o IPI.

Assim dispunha o Decreto-lei 491/1969:

> "art. 1º. As empresas fabricantes e exportadoras de produtos manufaturados gozarão, a título de estímulo fiscal, de créditos tributários sobre suas vendas para o exterior, como ressarcimento de tributos pagos internamente.
>
> § 1º. Os créditos tributários acima mencionados serão deduzidos do valor do Imposto sobre Produtos Industrializados incidente sobre as operações no mercado interno.
>
> § 2º. Feita a dedução, e havendo excedente de crédito, poderá o mesmo ser compensado no pagamento de outros impostos federais, ou aproveitado nas formas indicadas por regulamento."

O Decreto-lei 491/1969, contudo, não fixava termo final para a fruição do referido benefício fiscal, vigorando ele, desse modo, por prazo indeterminado.

No ano de 1979, contudo, adveio o Decreto-lei 1.658/1979, que previu uma extinção gradativa do crédito-prêmio do IPI até sua total extinção em 30 de junho de 1983. Vejamos os dispositivos pertinentes:

> "art. 1º. O estímulo fiscal de que trata o artigo 1º do Decreto-lei nº 491, de 5 de março de 1969, será reduzido gradualmente, até sua definitiva extinção.
>
> (...) § 2º A partir de 1980, o estímulo será reduzido em 5% (cinco por cento) a 31 de março, a 30 de junho, a 30 de setembro e a 31 de dezembro, até sua total extinção a 30 de junho de 1983."

No mesmo ano de 1979, foi editado o Decreto-lei 1.724/1979, que alterou o Decreto-lei 1.658/1979, acima citado. O novo diploma normativo revogou a norma que estabelecia a data de 30 de junho de 1983 para a extinção do crédito-prêmio do IPI e ainda delegou ao Ministro da Fazenda a atribuição de fixar nova data para a extinção do crédito-prêmio do IPI, nos seguintes termos:

"art. 1º. O Ministro de Estado da Fazenda fica autorizado a aumentar ou reduzir temporária ou definitivamente, ou extinguir os estímulos fiscais de que tratam os artigos 1º e 5º do Decreto-lei nº 491, de 5 de março de 1969.

art. 2º. Este Decreto-lei entrará em vigor na data de sua publicação, revogadas as disposições em contrário."

É importante observar que e**sse diploma normativo não trouxe qualquer data para a extinção do crédito-prêmio**, apenas transferiu tal responsabilidade ao Ministro da Fazenda. Caso essa autoridade não exercesse sua competência, o crédito-prêmio do IPI continuaria vigendo indefinidamente.

No ano de 1984, o Ministro da Fazenda editou a Portaria 176, de 12 de setembro de 1984, que determinava a extinção definitiva do crédito--prêmio do IPI em 1º de maio de 1985.

> ▶ **A delegação, ao Ministro da Fazenda, da competência para extinguir o crédito-prêmio do IPI, foi constitucional?**

Não. O STF, nos REs 186.359, 186.623 e 180.828 entendeu que a delegação de competência ao Ministro de Fazenda, para extinguir o crédito--prêmio do IPI era inconstitucional, violando a Constituição de 1967, alterada pela EC 1/1969. Segundo o Pretório Excelso, matérias reservadas à lei não podem ser revogadas por ato normativo secundário. Essas declarações de inconstitucionalidade, contudo, preservaram a norma que institui o crédito-prêmio do IPI sem prazo definido de vigência.

Pois bem.

Se a competência conferida ao Ministro da Fazenda para definir a data da extinção do crédito-prêmio do IPI era inconstitucional, a Portaria 176/1984 do Ministério da Fazenda, que determinou a extinção do crédito-prêmio do IPI em primeiro de maio de 1985 não teve validade.

Qual seria então, a data em que o crédito-prêmio do IPI teria sido extinto?

A resposta a essa pergunta foi objeto de intensa controvérsia doutrinária e jurisprudencial.

O Ato das Disposições Constitucionais Transitórias da CF/88 determinou, em seu artigo 41, que os incentivos fiscais de natureza setorial que não fossem confirmados por lei seriam considerados revogados após dois anos contados a partir da data da promulgação da Constituição. Eis a redação do dispositivo:

"art. 41. Os Poderes Executivos da União, dos Estados, do Distrito Federal e dos Municípios reavaliarão todos os incentivos fiscais de natureza setorial ora em vigor, propondo aos Poderes Legislativos respectivos as medidas cabíveis.

§ 1º. Considerar-se-ão revogados após dois anos, a partir da data da promulgação da Constituição, os incentivos que não forem confirmados por lei.

§ 2º. A revogação não prejudicará os direitos que já tiverem sido adquiridos, àquela data, em relação a incentivos concedidos sob condição e com prazo certo."

Ou seja, caso se considerasse o crédito-prêmio do IPI como um benefício fiscal de natureza setorial em vigor na data da promulgação da Constituição de 1988, ele teria sido extinto no dia 05 de outubro de 1990, uma vez que não houve lei que o confirmasse. Essa era uma das três posições a respeito da data da extinção do crédito-prêmio do IPI.

Os **contribuintes**, todavia, **defendiam que o crédito-prêmio do IPI nunca foi extinto**, sob o fundamento de que a delegação conferida ao Ministro da Fazenda, sendo inconstitucional, não produziu quaisquer efeitos. Argumentavam ainda que o crédito-prêmio do IPI não tinha natureza setorial, mas sim geral, e por isso não se aplicava ao caso o artigo 41 do ADCT. Chegavam a dizer, até mesmo, que o crédito-prêmio do IPI sequer se caracterizaria como um benefício fiscal, sendo apenas um crédito tributário criado com o escopo de ressarcir o contribuinte pelos impostos pagos internamente.

A **Fazenda Nacional**, por outro lado, sustentava que o crédito-prêmio do IPI teria sido extinto em 30 de junho de 1983, pelo Decreto-lei 1.658/1979, o primeiro que dispôs a respeito da extinção do benefício fiscal. Para a Fazenda Nacional, a declaração de inconstitucionalidade, pelo STF, das delegações de competência ao Ministro da Fazenda realizadas pelos Decretos-lei posteriores implicava na integral subsistência do Decreto-lei 1.658/1979.

Deve-se lembrar, contudo, que o STF, ao declarar a inconstitucionalidade da delegação de competência ao Ministro da Fazenda realizada pelo Decreto-lei 1.724/1979, não declarou esse Decreto-lei inconstitucional em sua totalidade. Pelo contrário, as decisões do STF nos RE's 186.359, 186.623 e 180.828 preservaram a norma que institui o crédito-prêmio do IPI sem prazo definido de vigência. Isso porque, como se observou anteriormente, caso o Ministro da Fazenda não exercesse a competência que lhe foi conferida pelo Decreto-lei 1.724/1979, o crédito-prêmio do IPI continuaria vigendo indefinidamente.

► **Pergunta-se: qual foi o posicionamento da jurisprudência a respeito do marco temporal da extinção do crédito-prêmio do IPI?**

O STJ adotou o entendimento de que o crédito-prêmio do IPI deixou de existir em 05 de outubro de 1990, uma vez que representava um benefício fiscal destinado ao setor industrial e foi extinto nos termos do art. 41, § 1º, do ADCT (AgRg no EREsp 771.219, Rel. Min. Castro Meira, DJU 07.04.2008).

O STF, também consagrou essa tese, tendo firmado o entendimento de que a revogação do crédito-prêmio do IPI se deu em 05 de outubro de 1990, nos termos do artigo 41 do ADCT. O crédito-prêmio do IPI teria inequívoca natureza setorial para o STF, uma vez que era direcionado à ampliação das exportações do setor industrial.

Confira-se a ementa do STF:

> TRIBUTÁRIO. IMPOSTO SOBRE PRODUTOS INDUSTRIALIZADOS. CRÉDITO-PRÊMIO. DECRETO-LEI 491/1969 (ART. 1º). ADCT, ART. 41, § 1º. INCENTIVO FISCAL DE NATUREZA SETORIAL. NECESSIDADE DE CONFIRMAÇÃO POR LEI SUPERVENIENTE À CONSTITUIÇÃO FEDERAL. PRAZO DE DOIS ANOS. EXTINÇÃO DO BENEFÍCIO. RECURSO EXTRAORDINÁRIO CONHECIDO E DESPROVIDO.
>
> I – O crédito-prêmio de IPI constitui um incentivo fiscal de natureza setorial de que trata o do art. 41, caput, do Ato das Disposições Transitórias da Constituição.
>
> II – Como o crédito-prêmio de IPI não foi confirmado por lei superveniente no prazo de dois anos, após a publicação da Constituição Federal de 1988, segundo dispõe o § 1º do art. 41 do ADCT, deixou ele de existir.
>
> III – O incentivo fiscal instituído pelo art. 1º do Decreto-Lei 491, de 5 de março de 1969, deixou de vigorar em 5 de outubro de 1990, por força do disposto no § 1º do art. 41 do Ato de Disposições Constitucionais Transitórias da Constituição Federal de 1988, tendo em vista sua natureza setorial.
>
> IV – Recurso conhecido e desprovido. (RE 577.348, Rel. Min. Ricardo Lewandowski, Pleno, j. 13.08.2009)

Foi levado em conta, nesse julgado, que as decisões do STF que declararam inconstitucional a delegação de atribuição ao Ministro da Fazenda para promover a extinção do crédito-prêmio do IPI teria tornado indeterminado o prazo de vigência desse benefício fiscal, sendo a última disciplina normativa válida a respeito de sua extinção o artigo 41 do ADCT.

## 8. ORIENTAÇÕES DA RECEITA FEDERAL

▶ **PARECER NORMATIVO RFB RFB 14/2013**

Ementa: TRANSFERÊNCIA DE PROPRIEDADE SEM SAÍDA DO ESTABELE-CIMENTO. FATO GERADOR. INOCORRÊNCIA.

Não há ocorrência do fato gerador do IPI no caso de transferência de produtos do arrendatário para o arrendador em razão de rescisão de contrato de arrendamento de estabelecimento fabril, porque não há saída real do produto e nem se configura saída ficta descrita em lei como hipótese de fato gerador do imposto.

▶ **PARECER NORMATIVO RFB 18/2013**

Ementa: O fato de serviços constarem da lista anexa ao Decreto-Lei nº 406, de 31 de dezembro de 1968, ou à Lei Complementar nº 116, de 31 de julho de 2003, é irrelevante para determinar a não incidência do IPI, caso tais serviços se caracterizem como operações de industrialização.

▶ **PARECER NORMATIVO RFB 24/2013**

Ementa: Regra geral, não ocorre fato gerador do IPI na saída de estabelecimento industrial de produto fabricado por terceiro e por ele revendido. Todavia, haverá ocorrência do fato gerador nas saídas promovidas pelo estabelecimento adquirente dos produtos sempre que este for considerado equiparado a industrial pela legislação de regência do imposto.

## 9. SÚMULAS DO CARF

* **Súmula CARF nº 16:** O direito ao aproveitamento dos créditos de IPI decorrentes da aquisição de matérias-primas, produtos intermediários e material de embalagem utilizados na fabricação de produtos cuja saída seja com isenção ou alíquota zero, nos termos do art. 11 da Lei nº 9.779, de 1999, alcança, exclusivamente, os insumos recebidos pelo estabelecimento do contribuinte a partir de 1º de janeiro de 1999.

* **Súmula CARF nº 18:** A aquisição de matérias-primas, produtos intermediários e material de embalagem tributados à alíquota zero não gera crédito de IPI.

* **Súmula CARF nº 20:** Não há direito aos créditos de IPI em relação às aquisições de insumos aplicados na fabricação de produtos classificados na TIPI como NT.

## 10. QUESTÕES OBJETIVAS

**1. (ESAF – Auditor-Fiscal– RFB/2014)** Julgue os itens abaixo e, em seguida, assinale a opção correta.

I. Segundo entendimento recente do Supremo Tribunal Federal, o valor cobrado a título de ressarcimento de custos para utilização do selo especial de emissão oficial para controle do Imposto sobre Produtos Industrializados detém natureza jurídica tributária de contribuição de intervenção no domínio econômico, motivo pelo qual está reservado a lei em sentido estrito.

II. A legislação tributária impõe obrigação acessória consistente na aplicação de selo especial de emissão oficial para controle de determinados produtos sujeitos ao Imposto sobre Produtos Industrializados.

III. A exigência legal de utilização de selos para o controle da produção de algumas mercadorias sujeitas ao Imposto sobre Produtos Industrializados foi recentemente revogada por lei que instituiu, em substituição ao selo, a obrigatoriedade de utilização da nuvem digital para controle de mercadorias, que capta imagens da produção e transporte das mercadorias em tempo real.

IV. A legislação tributária impõe obrigação acessória consistente na instalação de equipamentos contadores de produção, que possibilitem a identificação do tipo de produto, de embalagem e de sua marca comercial, ficando os contribuintes obrigados ao ressarcimento pelo custo necessário à instalação desses equipamentos na linha de produção.

a) Apenas o item II está correto.

b) Apenas os itens II e III estão corretos.

c) Apenas o item III está correto.

d) Apenas o item IV está errado.

e) Apenas os itens I e III estão errados.

**2. (ESAF – Auditor-Fiscal– RFB/2014)** São imunes da incidência do Imposto sobre Produtos Industrializados, <u>exceto</u>:

a) o ouro, quando definido em lei como ativo financeiro ou instrumento cambial.

b) os livros, jornais e periódicos e o papel destinado à sua impressão.

c) os produtos industrializados destinados ao exterior.

d) as aeronaves de uso militar vendidas à União.

e) a energia elétrica, derivados do petróleo, combustíveis e minerais do País.

**3. (ESAF – Procurador da Fazenda Nacional/2012)** Alguns tributos possuem, além da função meramente arrecadatória ou fiscal, finalidade outra que se destina a regular a economia, criando mecanismos que induzem, ou incentivam, a conduta do potencial contribuinte numa ou noutra direção. É o que se viu recentemente com a majoração das alíquotas do IPI – Imposto sobre Produtos Industrializados, incidente sobre a importação de automóveis, já que, no período de janeiro a agosto de 2011, a balança comercial do setor automotivo atingiu um déficit de R$ 3 bilhões. Contudo, o STF entendeu que o decreto que majorar as alíquotas aplicáveis às operações de importação de veículos automotores

a) sujeita-se ao princípio da anterioridade, segundo o qual não se poderá exigir, no mesmo exercício financeiro em que o decreto é publicado, alíquotas maiores do que aquelas até então vigentes.

b) tem aplicabilidade imediata, por ser o IPI um tributo regulatório e pelo fato de que o Decreto-Lei que o criou (DL n. 1.191/1971) ter autorizado o Poder Executivo a reduzir suas alíquotas a zero; majorá-las, acrescentando até 30 unidades ao percentual de incidência fixado na lei, e, ainda, alterar a base de cálculo em relação a determinados produtos, podendo, para esse fim, fixar-lhes valor tributável mínimo.

c) submete-se, dentre outros, ao princípio constitucional da anterioridade nonagesimal, ou seja, fica suspenso até que tenha transcorrido o prazo de noventa dias da sua publicação.

d) fica suspenso, por força da anterioridade nonagesimal, até que tenha transcorrido o prazo de noventa dias da sua publicação. Contudo, a suspensão somente opera efeitos ex tunc caso haja pedido liminar formulado no sentido de reparar dano, e não para prevenir risco ao contribuinte.

e) não se submete ao princípio constitucional da anterioridade nonagesimal, eis que a Constituição Federal foi clara ao prever tal comando para a lei (antes de decorridos 90 dias da data em que haja sido publicada a lei que os instituiu ou aumentou). Assim, como o texto constitucional fala em "lei", o aumento das alíquotas por decreto não está sujeito à espera nonagesimal.

**4. (ESAF – Auditor-Fiscal– RFB/2009)** Entre as limitações constitucionais ao poder de tributar, que constituem garantias dos contribuintes em relação ao fisco, é incorreto afirmar que:

a) os impostos sobre o patrimônio podem ser confiscatórios, quando considerados em sua perspectiva estática.

b) uma alíquota do imposto sobre produtos industrializados de 150%, por exemplo, não significa necessariamente confisco.

c) o imposto de transmissão causa mortis, na sua perspectiva dinâmica, pode ser confiscatório.

d) o princípio do não-confisco ajuda a dimensionar o alcance do princípio da progressividade, já que exige equilíbrio, moderação e medida na quantificação dos tributos.

e) a identificação do efeito confiscatório não deve ser feita em função da totalidade da carga tributária, mas sim em cada tributo isoladamente.

**5. (CESPE – Auditor – TC-ES 2012)** "O contribuinte de fato não detém legitimidade ativa ad causam para pleitear a restituição do indébito relativo ao imposto sobre produtos industrializados (IPI)"

**6. (TJ SC – Juiz de Direito SC – 2009)** "Configura-se *bis in idem* a cobrança do IPI na importação de produtos industrializados".

**7. (CESPE – Juiz Federal da 5ª Região – 2009)** "Sobre determinado produto industrializado arrematado em leilão incidirá o IPI se o produto:

a) for de origem nacional.

b) for de origem estrangeira e não tiver sido submetido ao devido desembaraço aduaneiro.

c) for objeto de crime tributário.

d) tiver sido apreendido ou abandonado.

e) for de origem estrangeira e tiver sido submetido ao devido desembaraço aduaneiro."

**8. (CESPE – Juiz Federal da 1ª Região – 2009)** A respeito do crédito e do princípio da não cumulatividade do IPI, assinale a opção correta.

a) A indústria não pode creditar-se do valor do IPI relativo à energia elétrica consumida no processo de industrialização, por não se tratar de insumo ou matéria-prima que se incorpore à transformação do produto.

b) Se uma indústria utilizar, no processo de industrialização, diversos bens onerados pelo IPI sobre os quais incidam diferentes alíquotas, quando da saída do produto dessa indústria, deverá ser utilizada a alíquota média, objetivando cumprir o princípio da não cumulatividade.

c) Em razão da seletividade e essencialidade do produto é que poderá o industrial creditar-se do IPI referente aos insumos adquiridos com alíquota zero.

d) A indústria pode creditar-se do IPI pago na aquisição de materiais destinados ao ativo permanente da empresa, para fazer face ao princípio constitucional da não cumulatividade.

e) Não gera crédito do IPI o valor do tributo incidente sobre as embalagens recebidas para emprego em industrialização e acondicionamento.

**9. (CESPE – Juiz Federal da 5ª Região – 2009)** Determinada empresa industrial que produz um único tipo de produto tributado com IPI e com ICMS adquire, para sua produção, dois tipos de insumos industrializados: um deles é isento de IPI e o outro, imune à tributação do referido imposto.

Considerando os dispositivos constitucionais e a jurisprudência do STF aplicável ao caso e a inexistência de qualquer norma infraconstitucional a respeito dessa matéria, é correto afirmar que, na aplicação do mecanismo de não cumulatividade, a referida empresa

a) pode deduzir, do IPI a pagar, o crédito presumido relativo ao insumo isento, mas não em relação ao insumo imune.

b) pode deduzir, do IPI a pagar, o crédito presumido relativo ao insumo imune, mas não o relativo ao insumo isento.

c) não pode deduzir qualquer crédito presumido, seja relativo ao insumo isento ou ao imune.

d) pode deduzir, do IPI a pagar, apenas o valor do crédito real do ICMS pago nas operações de compra.

e) pode deduzir, do ICMS a pagar, o crédito presumido relativo ao insumo imune, mas não o relativo ao insumo isento.

| GABARITO | | | | | | | | |
|---|---|---|---|---|---|---|---|---|
| 1 – E | 2 – D | 3 – C | 4 – E | 5 – Certo | 6 – Errado | 7 – D | 8 – A | 9 – C |

# 11. QUESTÃO DISCURSIVA

### (ESAF – PFN – Procurador da Fazenda Nacional – 2012)

A Empresa X atua no ramo de importação, exportação e comércio de peças para automóveis. Exercendo regularmente suas atividades, nos meses de fevereiro de 2002, março de 2003, junho de 2004 e agosto de 2005, procedeu a importações de produtos estrangeiros e os revendeu no mercado interno, realizando o adimplemento do Imposto sobre Produtos Industrializados (IPI) incidente no desembaraço aduaneiro.

Ocorre que, segundo a Receita Federal do Brasil, o IPI é devido não só no momento do desembaraço aduaneiro da mercadoria importada, mas também quando da sua comercialização no mercado interno (saída do estabelecimento importador). Por tal razão, lavrou-se um auto de infração (com notificação do contribuinte para apresentar impugnação em setembro de 2007) que proporcionou a respectiva constituição definitiva do crédito tributário em maio de 2010. Todos os fatos geradores acima referidos foram contemplados na autuação.

Diante de tais acontecimentos, a Empresa X ajuizou demanda anulatória circunscrita ao lançamento tributário referido, visando à sua desconstituição em face da ilegalidade e da inconstitucionalidade da exação. Procedeu ao depósito judicial do valor integral do tributo exigido.

Após o regular trâmite do feito perante Vara Federal, a sentença, julgando procedente o pedido para anular o lançamento tributário e impedir novas autuações em relação a importações que venham a se concretizar no futuro, assim se pronunciou:

a) Consumou-se a decadência do direito de constituir o crédito tributário em relação aos fatos geradores ocorridos em fevereiro de 2002, março de 2003 e junho de 2004.

b) O aspecto material da regra matriz de incidência do IPI é a operação de industrialização. Como o importador-comerciante não industrializa o produto que revende, não pode ser identificado como contribuinte do tributo (equiparado a industrial), sob pena de violação ao texto constitucional.

c) Uma interpretação conforme à constituição do art. 46 do CTN conduz à conclusão de que as hipóteses de incidência do IPI ali previstas são alternativas e excludentes, sendo vedada a sua cumulação em face do mesmo fato gerador.

d) Haverá bitributação, caso se entenda possível a incidência do tributo na entrada e na saída do estabelecimento importador. O Contribuinte pagará duplamente o imposto.

e) A dupla incidência viola o princípio da isonomia, porquanto o industrial brasileiro só paga o tributo em uma ocasião.

f) Liberação do depósito judicial, pois a sentença de procedência é apta a suspender a exigibilidade do crédito tributário, tornando excessivamente onerosa para a Autora a manutenção da garantia. Diante da sentença prolatada, na qualidade de Procurador da Fazenda Nacional, apresente a peça processual pertinente, fundamentada em razões de fato e de direito, considerando que já transcorreram 13 (treze) dias desde a sua regular intimação à Procuradoria da Fazenda Nacional. Ao final, a título de assinatura, consigne apenas "Procurador da Fazenda Nacional".

## ► RESPOSTA DO AUTOR

### EXCELENTÍSSIMO(A) SENHOR(A) DOUTOR(A) JUIZ(A) DA XXX VARA FEDERAL DA SEÇÃO JUDICIÁRIA DE XXX

**Processo nº XXXX**

**Apelante: União Federal (Fazenda Nacional)**

**Apelado: Empresa X**

A *UNIÃO (Fazenda Nacional)*, representada pelo Procurador da Fazenda Nacional infra-assinado, nos autos da ação em epígrafe, tendo tomado conhecimento, e não se conformando com a r. sentença de fl. XX, que julgou procedente o pedido para anular o lançamento tributário e impedir novas autuações em relação a importações que venham a se concretizar no futuro, vem, respeitosamente, no prazo legal, oferecer sua *APELAÇÃO*, requerendo seu recebimento no DUPLO EFEITO e regular processamento, com posterior remessa ao Egrégio Tribunal Regional Federal da X Região.

Nestes termos, pede deferimento.

Local, data.

#### Procurador da Fazenda Nacional

Egrégio Tribunal,

Colenda Câmara,

Ínclitos Julgadores;

#### RAZÕES DE APELAÇÃO

### DOS FATOS

Trata-se de ação anulatória em que a apelada pretende a desconstituição de lançamento tributário sob o fundamento de este se reportar a tributação ilegal e inconstitucional. A apelada depositou ainda o montante integral do tributo exigido.

A sentença julgou o pedido procedente, não só anulando o lançamento, mas também impedindo futuros lançamentos em relação a importações realizadas pela empresa.

Em que pese o usual acerto do magistrado, a sentença merece reforma.

## DOS FUNDAMENTOS

### Do julgamento extra petita

É de se atentar, primeiramente, para a existência de provimento jurisdicional que vai além do pleiteado pelo autor.

Enquanto a autora requereu em sua petição inicial apenas a anulação do lançamento, a sentença, além de julgar este pedido procedente, impediu a autoridade fiscal de realizar lançamentos em relação às futuras importações da apelada.

Mesmo que a autora tivesse esse direito, o que nem mesmo condiz com a realidade, ele só poderia ser-lhe concedido judicialmente caso pleiteado, diante dos princípios da inércia da jurisdição e da adstrição ou congruência.

Estes princípios preceituam que o Judiciário não pode conceder provimento jurisdicional que não tenha sido requerido, além do que, uma vez tendo feito certo pedido, o juiz não pode conceder a mais ou além do delimitado pela petição inicial.

Houve no caso infringência ao artigo 293 do Código de Processo Civil, segundo o qual os pedidos são interpretados restritivamente. A sentença contrariou ainda o artigo 460 do CPC, que proíbe o juiz de proferir sentença, a favor do autor, de natureza diversa da pedida, bem como condenar o réu em quantidade superior ou em objeto diverso do que lhe foi demandado. Por fim, cite-se ainda o artigo 128 do CPC, que vincula a decisão do juiz aos limites em que proposta a lide.

Cabalmente demonstrada, desse modo, a necessidade de anulação da sentença, por vício formal, bem como por violação aos princípios do contraditório e da ampla defesa.

### Da inexistência de decadência

Houve apreciação equivocada a respeito da decadência.

A sentença considerou decaídos os créditos relativos a fevereiro de 2002, março de 2003 e junho de 2004. Contudo, sendo certo que a empresa foi notificada para apresentar impugnação ao auto de infração em setembro de 2007, não houve decadência alguma a ser reconhecida.

Ora, o artigo 173, I do CTN, aplicável ao caso, determina que o direito de constituir o crédito tributário extingue-se em cinco anos, contados do primeiro dia do exercício seguinte àquele em que o lançamento poderia ter sido efetuado.

Considerando que em relação ao fato gerador mais pretérito o lançamento poderia ter sido efetuado no exercício de 2002, o prazo decadencial inicia-se em primeiro de janeiro de 2003, contando-se a partir daí cinco anos.

Não houve, pois, decadência em relação a qualquer dos períodos, pois o lançamento poderia ter sido efetuado até o último dia do ano de 2007, e no caso concreto o foi em setembro de 2007.

Da incidência do IPI na saída do estabelecimento importador e das hipóteses de incidência cumulativas

O IPI não é um imposto vocacionado a tributar o ato de industrialização. Sua materialidade não é a atividade industrial em si, mas sim o desembaraço, a alienação ou a arrematação de produtos industrializados, nos termos do artigo 46 do CTN.

A própria Constituição Federal, em seu artigo 153, faculta à União a instituição de imposto sobre "produtos industrializados", e não sobre a industrialização de produtos. Perceba que em relação a outros impostos, o foco foi uma atividade material, como a importação ou a exportação, o que não aconteceu com o IPI.

Por isso, o constituinte permitiu que o legislador complementar definisse o fato gerador do IPI dentro da materialidade "produtos industrializados", o que possibilita as duas hipóteses de incidência abarcadas pelo lançamento e contempladas no artigo 46 do CTN.

Tratando-se de duas hipóteses de incidência distintas, perfeitamente possível a cumulação ora questionada. Isso porque o fato de haver uma nomenclatura de um imposto não significa que ele só pode incidir sobre um único fato. Tem-se como exemplo o imposto sobre operações financeiras, que possui quatro materialidades, quais sejam: 1) operações de crédito, 2) operações de câmbio, 3) operações de seguro e 4) operações relativas a títulos ou valores mobiliários.

E interpretando o artigo 46 do CTN, chega-se à conclusão de que, ao separar nitidamente os fatos geradores do IPI, sua intenção foi justamente deixar claro a possibilidade de sua incidência de forma cumulativa, desde que se verifique no mundo fático as diferentes hipóteses de incidência ali desenhadas (no caso concreto o desembaraço aduaneiro e a saída do estabelecimento importador).

### Da inexistência de bitributação ou *bis in idem*

A sentença também não apreciou corretamente os institutos da bitributação e do bis in idem. Na verdade, bitributação é a tributação de um mesmo fato gerador por mais de uma pessoa política. Já o bis in idem é a cobrança, mais de uma vez, sobre um mesmo fato gerador, por um único sujeito ativo.

Tecnicamente, se houvesse o alegado vício na exigência do IPI em questão, o instituto condenável seria o bis in idem, o que contudo não se constatou, diante dos argumentos acima expostos.

Além disso, o bis in idem também resta desconfigurado pela não cumulatividade do IPI (artigo 153, § 3º, II da Constituição Federal), pois o que for devido em cada operação é compensado com o montante cobrado nas operações anteriores.

Não há, desse modo, duplo pagamento sobre um mesmo fato gerador, seja porque os fatos geradores são diferentes, seja pela técnica da não cumulatividade.

### Do princípio da isonomia

A incidência do IPI sobre o desembaraço aduaneiro e sobre o preço de saída, na posterior comercialização dentro do mercado interno, ao invés de violar o princípio da isonomia, o realiza. Não fosse assim, haveria uma verdadeira benesse fiscal sobre o produto industrializado importado, que teria uma de suas etapas da cadeia de circulação jurídica excluída da tributação.

Se o produtor nacional paga o IPI sobre o preço da venda, não há qualquer razão para impedir essa tributação também em relação aos bens importados. Admitir o contrário significa privilegiar os produtos importados em detrimento da indústria nacional e da produção interna. Isso sim representa violação ao princípio da isonomia.

Da impossibilidade de liberação do depósito judicial antes do trânsito em julgado.

Igualmente equivocada a sentença ira apelada por permitir a liberação do depósito judicial, uma vez que a jurisprudência dos Tribunais, inclusive do Superior Tribunal de Justiça, é pacífica no sentido de que o depósito só pode desvincular-se do processo após o trânsito em julgado da decisão final.

Ou seja, o depósito só pode ser levantado pelo contribuinte, ou transformado em pagamento definitivo quando não couber mais nenhuma decisão da última decisão do processo.

## CONCLUSÃO

Por todo o exposto, demonstradas as razões que fundamentam o presente recurso, a apelante requer se dignem V. Exas de CONHECER e DAR PROVIMENTO ao presente recurso, no sentido de REFORMAR a r. Sentença ora combatida, reconhecendo a legitimidade da autuação questionada.

Nestes termos, pede deferimento.

Local, data.

**Procurador da Fazenda Nacional**

| CRITÉRIO DE CORREÇÃO DA BANCA | |
|---|---|
| 1 – Requisitos formais do recurso de apelação – | (5 pontos) |
| 2 – Inexistência da decadência do direito de constituir o crédito tributário em relação aos fatos geradores ocorridos em fevereiro de 2002, março de 2003 e junho de 2004. Aplicação do art. 173, I, do CTN. Inaplicabilidade do art. 173, parágrafo único, do CTN. | (10 pontos) |
| 3 – Explicar o fato gerador do IPI e justificar expressamente porque deve incidir na saída do estabelecimento importador. Imprescindível a análise da Constituição Federal, em especial do art. 153, IV, da CF/88, que não se refere a operação de industrialização, mas apenas a "produtos industrializados". Posteriormente, expor a disciplina infraconstitucional que justifica a tributação. | (5 pontos) |
| 4 – Argumentar que o art. 46 do CTN não prevê hipótese de Incidência do IPI alternativas e excludentes, mas sim cumulativas, a partir da interpretação literal do dispositivo legal, bem como por consubstanciarem fatos geradores distintos, que podem se suceder na cadeia comercial do produto industrializado originário do exterior. | (5 pontos) |
| 5 – Explicar o que significa "bitributação", expondo a distinção doutrinária que é feita em relação ao "bis in idem". Impugnar o argumento de que o contribuinte pagará duplamente o tributo, a partir da sistemática da não cumulatividade e da ocorrência de fatos geradores distintos e sucessivos. | (5 pontos) |
| 6 – Impugnar o argumento de violação ao princípio da isonomia, especialmente com base na idéia de que a tributação na saída do estabelecimento importador tem por finalidade conferir uma situação isonômica em relação ao produtor industrial. Caso não houvesse tal tributação, o valor agregado pelo importador (componente do preço de saída) não seria tributado, enquanto o produtor nacional paga o tributo tendo por base valor integral da venda. | (5 pontos) |

| CRITÉRIO DE CORREÇÃO DA BANCA | |
|---|---|
| 7 – Expor o entendimento jurisprudencial consolidado do STJ, no sentido de que o depósito judicial só poderá ser levantado pelo contribuinte se a decisão lhe for favorável e somente após o transito em julgado, porquanto constitui também garantia do crédito tributário. Expor fundamentação legal. | (5 pontos) |
| 8 – Arguir a violação princípio da adstrição ou da congruência, porquanto a parte apenas requereu a anulação do lançamento tributário, mas, no entanto, o magistrado concedeu também a impossibilidade de serem realizadas novas autuação em relação a importação que venham a se concretizar no futuro. | (5 pontos) |
| 9 – Requerer a condenação da Apelada ao pagamento de honorários advocatícios, com base no art. 20, p. 4º, do CPC. | (5 pontos) |

## 12. REVISÃO DO CAPÍTULO – PERGUNTAS E RESPOSTAS

▶ **Pergunta-se: Quais princípios tributários são relacionados com a seletividade?**

Deve-se relacionar a seletividade com os princípios da **isonomia** e da **capacidade contributiva**, pois ao se elevar a carga tributária dos produtos supérfluos, atinge-se o patrimônio dos mais abastados, os consumidores de produtos supérfluos ou luxuosos.

▶ **Pergunta-se: toda alienação de produto industrializado enseja a incidência do IPI?**

Não. Nem toda operação de alienação de produto industrializado enseja a incidência do IPI, mas apenas aquela feita por estabelecimento industrial, contribuinte do IPI. A venda feita pelo comerciante, não industrial, não é fato gerador do IPI.

▶ **Pergunta-se: é possível a existência de produtos industrializados que não se sujeitam à incidência do IPI?**

Sim. O art. 5º do decreto 7.212/2010 prevê operações de industrialização cujos produtos não se sujeitam à incidência do IPI, dentre as quais pode-se citar, exemplificativamente: preparo de produtos alimentares, não acondicionados em embalagens de apresentação; a confecção de vestuário, por encomenda direta do consumidor ou usuário, em oficina, ou na residência do confeccionador; manipulação em farmácia, para venda direta a consumidor, de medicamentos oficinais e magistrais, mediante receita médica, dentre outros.

### ▶ Pergunta-se: é possível que a base de cálculo do IPI seja fixa?

Sim, a base de cálculo do IPI pode ser fixa, de acordo com o art. 3º da Lei 7.789/89, que presume valores fixos para o imposto (**pautas fiscais**). A referida norma, que permite ao Poder Executivo estabelecer classes de valores correspondentes ao IPI a ser pago, tem sido questionada nos tribunais, sob o fundamento de afronta ao princípio da legalidade e por não ser fiel ao valor da operação previsto no CTN como base de cálculo do IPI.

### ▶ Pergunta-se: qual a finalidade da tributação não cumulativa?

A não cumulatividade visa impedir a censurável tributação "em cascata", pela qual o tributo plurifásico incidiria diversas vezes sobre a mesma base econômica.

### ▶ Pergunta-se: como se opera, então, a não cumulatividade do IPI?

Em um determinado período, apuram-se os valores já cobrados na operação anterior (créditos) e os valores devidos nas operações subsequentes (débitos). Ou seja, os insumos e matérias-primas industrializados adquiridos pelo estabelecimento industrial, que serão utilizados no processo de industrialização, representam créditos de IPI, uma vez que em relação a estes insumos há um valor pago a título de IPI quando de sua saída do estabelecimento industrial alienante. O estabelecimento industrial que adquire esses insumos, ao comprá-los, pagou, ainda que embutido no preço, o respectivo valor de IPI incidente na operação. Ao empregar o insumo no seu produto e aliená-lo, poderá utilizar o crédito de IPI das operações anteriores de forma a evitar a tributação em cascata, o que ocorreria se o IPI incidisse novamente sobre o valor total do novo produto sem o abatimento dos valores já pagos a título de IPI na aquisição dos insumos.

### ▶ Pergunta-se: porque se diz que os créditos do IPI são físicos, reais e condicionados?

**Físico** porque o crédito do IPI só existe se o produto industrializado adquirido pelo estabelecimento industrial for utilizado fisicamente no processo de industrialização. **Real**, porque só subsiste se houver efetiva incidência na operação anterior, o que implica na impossibilidade de creditamento quando a operação anterior é objeto de isenção, não incidência, ou quando não houve gravame por conta de alíquota zero. E, por fim, **condicionado**, já que só haverá o creditamento se a correspondente saída for tributada.

### ▶ Pergunta-se: o que significa dizer que os créditos do IPI são escriturais?

Isso significa que não podem ser corrigidos monetariamente, a não ser que haja disposição legal assim determinando. A não cumulatividade garante apenas a compensação do IPI pago nas entradas com o IPI a ser recolhido nas saídas, não garantindo a correção monetária dos créditos excedentes. Não é outro o entendimento do **STF**, segundo o qual o princípio da não cumulatividade simplesmente confere ao contribuinte o direito ao crédito, não estabelecendo que será este corrigido, ou não (AgRg RE 351. 754, 2ª Turma).

Contudo, é aplicável a correção monetária dos créditos escriturais de IPI quando caracterizada a oposição injustificada do Fisco.

▶ **Pergunta-se: a delegação, ao Ministro da Fazenda, da competência para extinguir o crédito-prêmio do IPI, foi constitucional?**

Não. O STF, nos REs 186.359, 186.623 e 180.828 entendeu que a delegação de competência ao Ministro de Fazenda, para extinguir o crédito-prêmio do IPI era inconstitucional, violando a Constituição de 1967, alterada pela EC 1/1969. Segundo o Pretório Excelso, matérias reservadas à lei não podem ser revogadas por ato normativo secundário. Essas declarações de inconstitucionalidade, contudo, preservaram a norma que institui o crédito-prêmio do IPI sem prazo definido de vigência.

▶ **Pergunta-se: qual foi o posicionamento da jurisprudência a respeito do marco temporal da extinção do crédito-prêmio do IPI?**

O STJ adotou o entendimento de que o crédito-prêmio do IPI deixou de existir em 05 de outubro de 1990, uma vez que representava um benefício fiscal destinado ao setor industrial e foi extinto nos termos do art. 41, § 1º, do ADCT (AgRg no EREsp 771.219, Rel. Min. Castro Meira, DJU 07.04.2008).

O STF também consagrou essa tese, tendo firmado o entendimento de que a revogação do crédito-prêmio do IPI se deu em 05 de outubro de 1990, nos termos do artigo 41 do ADCT. O crédito-prêmio do IPI teria inequívoca natureza setorial para o STF, uma vez que era direcionado à ampliação das exportações do setor industrial.

# Capítulo 7
# ITR

**SUMÁRIO** • 1. Noções Gerais e Características; 2. Fato Gerador; 3. Contribuinte; 4. Base de cálculo e alíquotas; 5. Lançamento; 6. Imunidade das pequenas glebas rurais; 7. Fiscalização e cobrança do ITR pelos Municípios; 8. Orientações da PGFN; 9. Súmulas do CARF; 10. Questões objetivas; 11. Revisão do capítulo – Perguntas e respostas.

## 1. NOÇÕES GERAIS E CARACTERÍSTICAS

O imposto sobre a propriedade territorial rural tem sua previsão constitucional no art. 153, VI da CF, sendo a União o ente competente para sua instituição.

Distingue-se do IPTU, já que, enquanto o ITR tributa propriedade rural, o IPTU recai sobre imóveis urbanos. Além disso, o imposto federal incide apenas sobre o **imóvel por natureza**, sem que se considere eventuais acessões físicas, ao contrário do IPTU, que, como o próprio texto constitucional indica, ao mencionar o adjetivo "predial", recai sobre as edificações e construções incorporadas ao solo pelo homem.

Essa é a observação de Leandro Paulsen:

> "A base econômica estampada no art. 153, VI, da Constituição, portanto, ao se referir à propriedade territorial rural, enseja a tributação da grandeza dimensionada pela propriedade da terra nua, ou seja, da terra em si, sem a consideração de eventuais benfeitorias." (PAULSEN & MELO, 2012, p. 192)

Em relação à função, a doutrina tem entendido que o ITR possui função preponderantemente **extrafiscal**, servindo de instrumento ao cumprimento da função social da propriedade rural. Isso porque a Constituição, em seu artigo 153, § 4º, inciso I determina que o ITR será progressivo e terá suas alíquotas fixadas de forma a desestimular a manutenção de propriedades improdutivas.

Ora, as alíquotas maiores para as propriedades rurais improdutivas representam uma tributação que induz o contribuinte a um comportamento, qual seja, não manter terras ociosas. A função social da propriedade rural, diga-se de passagem, é disciplinada expressamente pela Constituição em seu artigo 186.

A Lei 9.393/96, cumprindo o mandamento constitucional relativo à progressividade do ITR, fixou alíquotas que são mais elevadas quanto maior o imóvel rural e quanto menor o **grau de utilização**.

Mesmo sendo classificado como um imposto extrafiscal, **o ITR deve obediência à anterioridade** nonagesimal e à de exercício, sendo que suas alíquotas só podem ser alteradas por lei. Com isso, pode-se concluir que as excepcionalidades presentes nos demais impostos extrafiscais (II, IE e IOF), não se aplicam ao ITR.

É também classificado como um **imposto direto**, pois quem suporta o ônus econômico da tributação é o próprio contribuinte, não havendo transferência do encargo financeiro para um terceiro.

## 2. FATO GERADOR

O Código Tributário Nacional prevê o ITR em seu artigo 29, mencionando que o fato gerador do imposto é a propriedade, o domínio útil ou a posse de imóvel **por natureza**, a ser definido em lei civil.

▶ **O que significa a expressão "imóvel por natureza"?**

A expressão "imóvel por natureza" já estava presente na legislação civil quando o CTN a ela fez referência, remetendo sua definição à lei civil.

Quando da edição do CTN, estava em vigor o Código Civil de 1916, que definia o imóvel por natureza como "o solo com os seus acessórios e adjacências naturais compreendendo a superfície, as árvores e frutos pendentes, o espaço aéreo e o subsolo" (artigo 43, I). O Código Civil de 2002, contudo, não define o que seria imóvel **por natureza**, abandonando a classificação antiga do Código Civil de 1916, o que faz com que se leve em consideração para efeitos tributários, ainda atualmente, o Código Civil de 1916.

Esse é o entendimento de Hugo de Brito Machado:

> "Em face do novo Código Civil – Lei n. 10.406, de 10.1.2002 –, suscita-se a questão de saber se a remissão feita pelo Código Tributário Nacional à lei civil, onde devem ser buscados os conceitos pertinentes aos bens imóveis, há de ser entendida como remissão à lei civil então vigente, ou à lei civil vigente na data da aplicação dos dispositivos do Código Tributário Nacional que albergam dita remissão.

> Entendo que os dispositivos da lei civil vigentes na data da edição do Código Tributário Nacional, aos quais este faz remissão, integraram-se em suas normas, que permanecem inalteradas em face da mudança havida na lei civil." (MACHADO, 2005, p. 344)

Desse modo, percebe-se que a propriedade das edificações, das benfeitorias e demais construções ou melhoramentos realizados pelo homem não se compreendem no fato gerador do ITR.

A localização do imóvel também é fundamental para a definição do fato gerador do tributo. Os imóveis localizados na zona rural ensejarão a incidência do ITR. Essa zona rural é definida por exclusão da zona urbana dos municípios, que por sua vez deve ter requisitos mínimos previstos no artigo 32 do CTN:

> "Art. 32. O imposto, de competência dos Municípios, sobre a propriedade predial e territorial urbana tem como fato gerador a propriedade, o domínio útil ou a posse de bem imóvel por natureza ou por acessão física, como definido na lei civil, localizado na zona urbana do Município.
>
> § 1º Para os efeitos deste imposto, entende-se como zona urbana a definida em lei municipal; observado o requisito mínimo da existência de melhoramentos indicados em pelo menos 2 (dois) dos incisos seguintes, construídos ou mantidos pelo Poder Público:
>
> I – meio-fio ou calçamento, com canalização de águas pluviais;
>
> II – abastecimento de água;
>
> III – sistema de esgotos sanitários;
>
> IV – rede de iluminação pública, com ou sem posteamento para distribuição domiciliar;
>
> V – escola primária ou posto de saúde a uma distância máxima de 3 (três) quilômetros do imóvel considerado.
>
> § 2º A lei municipal pode considerar urbanas as áreas urbanizáveis, ou de expansão urbana, constantes de loteamentos aprovados pelos órgãos competentes, destinados à habitação, à indústria ou ao comércio, mesmo que localizados fora das zonas definidas nos termos do parágrafo anterior."

► **A localização do imóvel é o único critério utilizado para se caracterizar o imóvel como urbano ou rural, para fins de incidência do IPTU ou do ITR?**

Não. Apesar da dicção do artigo 29 do CTN, que leva em conta a localização do imóvel, o STJ entende que se deve levar em conta também o a **destinação do imóvel**, de modo que, caso o imóvel seja destinado à exploração extrativa, vegetal, agrícola, pecuária ou agroindustrial, será tributado pelo ITR, mesmo que localizado em área urbana, de acordo com o artigo 32 do CTN e a legislação municipal.

Esse entendimento do STJ é baseado o artigo 15 do DL 57/1966, que possui a seguinte redação:

> "Art 15. O disposto no art. 32 da Lei nº 5.172, de 25 de outubro de 1966, não abrange o imóvel de que, comprovadamente, seja utilizado em exploração extrativa vegetal, agrícola, pecuária ou agro-industrial, incidindo assim, sôbre o mesmo, o ITR e demais tributos com o mesmo cobrados."

Como os Decretos-lei tinham força de lei ordinária, a ressalva feita ao artigo 32 do CTN pelo dispositivo acima transcrito foi válida, já que o DL 57/66 representa norma posterior (o CTN foi publicado em outubro de 1966, tendo entrado em vigor em 1º de janeiro de 1967, e o DL 57/66 foi publicado em novembro de 1966, tendo entrado em vigor na data de sua publicação) de igual hierarquia apta a derrogar o CTN, que então possuía *status* de lei ordinária.

Com a **Constituição de 1967**, tanto o CTN quanto o artigo 15 do DL 37/66 foram recepcionados como lei complementar, permanecendo então a derrogação do DL 57/66. Atualmente, ambos os diplomas continuam com o *status* de lei complementar, porque o tema insere-se no âmbito do conflito de competências, devendo ser dirimido por lei complementar, de acordo com o artigo 146, I da **Constituição de 1988**.

A jurisprudência do STJ segue essa orientação:

> TRIBUTÁRIO. IPTU. ITR. FATO GERADOR. IMÓVEL SITUADO NA ZONA URBANA. LOCALIZAÇAO. DESTINAÇAO. CTN, ART. 32. DECRETO-LEI N. 57/66. VIGÊNCIA.
>
> 1. Ao ser promulgado, o Código Tributário Nacional valeu-se do critério topográfico para delimitar o fato gerador do Imposto sobre a Propriedade Predial e Territorial Urbana (IPTU) e o Imposto sobre a Propriedade Territorial Rural (ITR): se o imóvel estivesse situado na zona urbana, incidiria o IPTU; se na zona rural, incidiria o ITR.
>
> 2. **Antes mesmo da entrada em vigor do CTN, o Decreto-Lei nº 57/66 alterou esse critério, estabelecendo estarem sujeitos à incidência do ITR os imóveis situados na zona rural quando utilizados em exploração vegetal, agrícola, pecuária ou agroindustrial**.
>
> 3. **A jurisprudência reconheceu validade ao DL 57/66, o qual, assim como o CTN, passou a ter o status de lei complementar em**

**face da superveniente Constituição de 1967.** Assim, **o critério topográfico previsto no art. 32 do CTN deve ser analisado em face do comando do art. 15 do DL 57/66**, de modo que não incide o IPTU quando o imóvel situado na zona urbana receber quaisquer das destinações previstas nesse diploma legal.

4. Recurso especial provido.

(REsp 492.869, Rel. Min. Teori Albino Zavascki, 1ª Turma, julgado em 15/02/2005, DJ 07/03/2005, grifado pelo autor)

Esse entendimento foi confirmado no julgamento do Recurso Especial 1.112.646, sujeito ao regime do artigo 543-C do CPC e da Resolução 8/2008 do STJ (sistemática dos recursos especiais repetitivos).

> **▶ ATENÇÃO!!!!**
>
> **O tema acima já foi objeto de questões objetivas do CESPE, como se pode ver da seguinte assertiva, considerada correta no concurso de 2013 para Procurador do MP junto ao TC/DF:**
>
> ✓ **"Segundo o STJ, incide o imposto sobre a propriedade rural (ITR), e não o imposto sobre a propriedade predial e territorial urbana (IPTU), sobre imóveis comprovadamente utilizados para exploração extrativa, vegetal, agrícola, pecuária ou agroindustrial, ainda que localizados em áreas consideradas urbanas por legislação municipal."**

Cabe ainda observar que a Constituição de 1988, ao prever a competência para instituição do ITR, em seu artigo 153, VI, referiu-se à incidência do imposto apenas sobre a "propriedade". Leandro Paulsen comenta:

> "No exercício da competência tributária do art. 153, VI, o legislador só pode apontar, como fato gerador, a propriedade e, como contribuinte, o proprietário. Outros direitos reais menos densos, como o de superfície, o de servidões, o de usufruto, o de uso e o direito do promitente comprador, previstos no art. 1.225, II a VII, do Código Civil (Lei 10.406/02), constituem prerrogativas parciais ou temporárias, revelando riqueza em menor grau que a do proprietário, não tendo sido eleitas pela Constituição como ensejadoras, por si sós, da instituição de imposto com suporte no art. 153, VI.
>
> Não obstante, veremos que o texto do art. 29 do CTN, mais amplo, acabou por dar lugar a instituição do ITR com extrapolação do limite constante da norma de competência, alcançando não apenas a propriedade, mas também o domínio útil e a posse." (PAULSEN & MELO, 2012, p. 191 e 192)

A doutrina majoritária, por outro lado, entende que o artigo 29 do CTN está de acordo com a Constituição, como ensina Hugo de Brito Machado:

> "No exame do fato gerador do imposto territorial rural destaca-se, ainda, a controvérsia a respeito da tributação da posse. Há quem sustente que o artigo 29 do CTN é inconstitucional ao determinar a tributação da posse, pois a Constituição só autorizou a tributação, no caso, sobre a 'propriedade territorial rural'. O argumento é valioso, entretanto não nos parece procedente, como a seguir tentaremos demonstrar.
>
> Falando a Constituição em propriedade, naturalmente abrangeu a posse, que nada mais é que um direito inerente à propriedade. A autorização constitucional é para tributar a propriedade, e o CTN facultou à lei ordinária tomar para fato gerador do tributo a propriedade, o domínio útil ou a posse, vale dizer, o direito pleno, total, que é a propriedade, ou um de seus elementos, o domínio útil, ou ainda a posse. Se a propriedade, com todos os seus elementos, está reunida em poder de uma pessoa, o tributo recai sobre ela. Se está fracionada, isto é, se ninguém é titular da propriedade plena, ou porque há enfiteuse, ou porque a posse está com pessoa diversa do proprietário, que é desconhecido, ou imune ao tributo, ou isento, então o tributo recai sobre o domínio útil, ou a posse." (MACHADO, 2005, p. 345)

▶ **Ocorre o fato gerador do ITR mesmo nos casos em que a propriedade só existe no plano jurídico, não se confirmando faticamente, como na hipótese de o imóvel rural encontrar-se invadido pelo movimento sem-terra?**

Não. A jurisprudência do STJ tem entendido que não ocorre o fato gerador do ITR quando o imóvel rural foi objeto de invasão, estando o proprietário, no plano fático, despido de qualquer poder de uso, gozo ou disposição sobre a coisa. Se a propriedade é um dos fatos geradores do ITR, e essa propriedade não é plena quando o imóvel encontra-se invadido, não há que se falar em cobrança do ITR do proprietário que, na realidade, não tem qualquer poder sobre o imóvel invadido.

Confira-se a seguinte ementa do STJ:

> PROCESSUAL CIVIL E TRIBUTÁRIO. OFENSA AO ART. 535 DO CPC NÃO CONFIGURADA. ITR. IMÓVEL INVADIDO POR INTEGRANTES DE MOVIMENTO DE FAMÍLIAS SEM-TERRA. AÇÃO DECLARATÓRIA. PRESCRIÇÃO QUINQUENAL. FATO GERADOR DO ITR. PROPRIEDADE. MEDIDA LIMINAR DE REINTEGRAÇÃO DE POSSE NÃO CUMPRIDA PELO ESTADO DO PARANÁ. INTERVENÇÃO FEDERAL ACOLHIDA PELO ÓRGÃO ESPECIAL

DO TJPR. INEXISTÊNCIA DE HIPÓTESE DE INCIDÊNCIA TRIBUTÁRIA. PERDA ANTECIPADA DA POSSE SEM O DEVIDO PROCESSO DE DESA-PROPRIAÇÃO. ESVAZIAMENTO DOS ELEMENTOS DA PROPRIEDADE. DESAPARECIMENTO DA BASE MATERIAL DO FATO GERADOR. PRINCÍ-PIOS DA RAZOABILIDADE E DA BOA-FÉ OBJETIVA.

1. A solução integral da controvérsia, com fundamento suficiente, não caracteriza ofensa ao art. 535 do CPC.

2. O Superior Tribunal de Justiça tem entendimento pacífico de que se aplica o prazo prescricional do Decreto 20.910/1932 para deman-da declaratória que busca, na verdade, a desconstituição de lança-mento tributário (caráter constitutivo negativo da demanda).

3. O Fato Gerador do ITR é a propriedade, o domínio útil, ou a posse, consoante disposição do art. 29 do Código Tributário Nacional.

4. **Sem a presença dos elementos objetivos e subjetivos que a lei, expressa ou implicitamente, exige ao qualificar a hipótese de in-cidência, não se constitui a relação jurídico-tributária**.

5. A questão jurídica de fundo cinge-se à legitimidade passiva do proprietário de imóvel rural, invadido por 80 famílias de sem-terra, para responder pelo ITR.

6. **Com a invasão, sobre cuja legitimidade não se faz qualquer juízo de valor, o direito de propriedade ficou desprovido de pra-ticamente todos os elementos a ele inerentes: não há mais pos-se, nem possibilidade de uso ou fruição do bem**.

7. Direito de propriedade sem posse, uso, fruição e incapaz de gerar qualquer tipo de renda ao seu titular deixa de ser, na essência, direi-to de propriedade, pois não passa de uma casca vazia à procura de seu conteúdo e sentido, uma formalidade legal negada pela realida-de dos fatos.

8. Por mais legítimas e humanitárias que sejam as razões do Poder Público para não cumprir, por 14 anos, decisão judicial que determi-nou a reintegração do imóvel ao legítimo proprietário, inclusive com pedido de Intervenção Federal deferido pelo TJPR, há de se convir que o mínimo que do Estado se espera é que reconheça que aque-le que – diante da omissão estatal e da dramaticidade dos confli-tos agrários deste Brasil de grandes desigualdades sociais – não tem mais direito algum não pode ser tributado por algo que só por ficção ainda é de seu domínio.

9. **Ofende o Princípio da Razoabilidade, o Princípio da Boa-Fé Objetiva e o bom senso que o próprio Estado, omisso na sal-vaguarda de direito dos cidadãos, venha a utilizar a aparência desse mesmo direito, ou o resquício que dele restou, para cobrar**

tributos que pressupõem a sua incolumidade e existência nos planos jurídico (formal) e fático (material).

10. Irrelevante que a cobrança do tributo e a omissão estatal se encaixem em esferas diferentes da Administração Pública. União, Estados e Municípios, não obstante o perfil e personalidade próprios que lhes conferiu a Constituição de 1988, são parte de um todo maior, que é o Estado brasileiro. Ao final das contas, é este que responde pela garantia dos direitos individuais e sociais, bem como pela razoabilidade da conduta dos vários entes públicos em que se divide e organiza, aí se incluindo a autoridade tributária.

11. Na peculiar situação dos autos, **considerando a privação antecipada da posse e o esvaziamento dos elementos da propriedade sem o devido processo de Desapropriação, é inexigível o ITR ante o desaparecimento da base material do fato gerador e a violação dos Princípios da Razoabilidade e da Boa-Fé Objetiva.**

12. Recurso Especial parcialmente provido somente para reconhecer a aplicação da prescrição quinquenal (REsp. 963.499, Rel. Min. Herman Benjamim, DJe 14.12.2009)

Ou seja, **se o proprietário não detém o domínio útil ou a posse do imóvel**, invadido pelo movimento sem-terra, **a sua titularidade, tão somente, não configura fato gerador do ITR**.

Além disso, o Estado tem o dever constitucional de proteger a propriedade, direito fundamental (artigo 5º, XXII da Constituição), não sendo justo ou razoável que o Estado cobre um tributo sobre uma propriedade que ele é incapaz de proteger.

Utilizando um raciocínio similar ao exposto no julgado, que legitima a incidência do ITR quando presentes a posse e a utilização do imóvel pelo proprietário, temos o artigo 1º, § 1º da Lei 9.393/1996, segundo o qual o ITR incide inclusive sobre o imóvel declarado de interesse social para fins de reforma agrária, enquanto não transferida a propriedade, exceto se houver imissão prévia na posse.

## 3. CONTRIBUINTE

O artigo 31 do CTN define o contribuinte do ITR como o proprietário do imóvel, o titular de seu domínio útil, ou o seu possuidor a qualquer título.

O artigo 4º da Lei 9.393/1996 (lei ordinária que dispõe sobre o ITR) repete os mesmos contribuintes, acrescentando em seu parágrafo único uma interessante norma que fixa o domicílio tributário do contribuinte como o município de localização do imóvel, vedando a eleição de qualquer outro.

Hugo de Brito Machado discorre sobre os possíveis contribuintes do ITR:

> "Se a propriedade do imóvel não está desdobrada, contribuinte é o proprietário, vale dizer, aquele a quem pertence o domínio pleno do imóvel. Havendo enfiteuse, isto é, pertencendo o domínio direto a um e o domínio útil a outro, o contribuinte será o titular do domínio útil.
>
> **Não sendo identificado o proprietário**, ou, em caso de enfiteuse, o titular do domínio útil, **contribuinte do imposto será aquele que tiver a sua posse**, a qualquer título.
>
> Não nos parece que o art. 31 do CTN assegure opções ao legislador ordinário na escolha do contribuinte. **Se há propriedade plena em poder de alguém, este será o contribuinte. Se está fracionada a propriedade, nos dois domínios, contribuinte será o titular do domínio útil**. Finalmente, se a posse pertence a quem não tem nenhum dos dois domínios, contribuinte será o posseiro. É que havendo fracionamento da propriedade desaparece a figura do proprietário, que só existe efetivamente quando todos os direitos de propriedade se encontram nas mãos de um só titular." (MACHADO, 2005, p. 346-347, grifado pelo autor)

Já o artigo 5º da mesma lei traz como responsável pelo crédito tributário o sucessor, a qualquer título, nos termos dos artigos 128 a 133 do CTN.

Dentre as modalidades de responsabilidade tributária mais pertinentes ao ITR, sobressai a prevista no artigo 130 do CTN, segundo o qual os **créditos tributários relativos a impostos cujo fato gerador seja a propriedade, o domínio útil ou a posse de bens imóveis**, e bem assim os relativos a taxas pela prestação de serviços referentes a tais bens, ou a contribuições de melhoria, sub-rogam-se na pessoa dos respectivos adquirentes, salvo quando conste do título a prova de sua quitação.

Desse modo, tem-se que os impostos sobre o patrimônio, como o ITR e o IPTU, consubstanciam obrigações *propter rem*, recaindo a obrigação pelo pagamento sobre todos aqueles que figurarem como titulares do bem:

> PROCESSO CIVIL. RECURSO ESPECIAL REPRESENTATIVO DE CONTROVÉRSIA. ARTIGO 543-C, DO CPC. EMBARGOS À EXECUÇÃO FISCAL. ITR. CONTRATO DE PROMESSA DE COMPRA E VENDA DO IMÓVEL RURAL. LEGITIMIDADE PASSIVA *AD CAUSAM* DO POSSUIDOR DIRETO (PROMITENTE COMPRADOR) E DO PROPRIETÁRIO/POSSUIDOR INDIRETO

(PROMITENTE VENDEDOR). DÉBITOS TRIBUTÁRIOS VENCIDOS. TAXA SELIC. APLICAÇÃO. LEI 9.065/95.

1. A incidência tributária do imposto sobre a propriedade territorial rural – ITR (de competência da União), sob o ângulo do aspecto material da regra matriz, é a propriedade, o domínio útil ou a posse de imóvel por natureza, como definido na lei civil, localizado fora da zona urbana do Município (artigos 29, do CTN, e 1º, da Lei 9.393/96).

2. O proprietário do imóvel rural, o titular de seu domínio útil, ou seu possuidor a qualquer título, à luz dos artigos 31, do CTN, e 4º, da Lei 9.393/96, são os contribuintes do ITR .

3. O artigo 5º, da Lei 9.393/96, por seu turno, preceitua que:

"Art. 5º É responsável pelo crédito tributário sucessor, a qualquer título, nos termos dos arts. 128 a 133 da Lei nº 5.172, de 25 de outubro de 1966 (Sistema Tributário Nacional)."

4. **Os impostos incidentes sobre o patrimônio (Imposto sobre a Propriedade Territorial Rural – ITR e Imposto sobre a Propriedade Predial e Territorial Urbana – IPTU) decorrem de relação jurídica tributária instaurada com a ocorrência de fato imponível encartado, exclusivamente, na titularidade de direto real, razão pela qual consubstanciam obrigações proter rem, impondo-se sua assunção a todos aqueles que sucederem ao titular do imóvel**.

5. Consequentemente, **a obrigação tributária, quanto ao IPTU e ao ITR, acompanha o imóvel em todas suas mutações subjetivas, ainda que se refira a fatos imponíveis anteriores à alteração da titularidade do imóvel, exegese que encontra reforço na hipótese de responsabilidade tributária por sucessão prevista nos artigos 130 e 131, I do CTN**, *verbis*:

"Art. 130. Os créditos tributários relativos a impostos cujo fato gerador seja a propriedade, o domínio útil ou a posse de bens imóveis, e bem assim os relativos a taxas pela prestação de serviços referentes a tais bens, ou a contribuições de melhoria, subrogam-se na pessoa dos respectivos adquirentes, salvo quando conste do título a prova de sua quitação.

Parágrafo único. No caso de arrematação em hasta pública, a sub-rogação ocorre sobre o respectivo preço.

Art. 131. São pessoalmente responsáveis:

I – o adquirente ou remitente, pelos tributos relativos aos bens adquiridos ou remidos; (Vide Decreto Lei nº 28, de 1966)(.)"

6. O promitente comprador (possuidor a qualquer título) do imóvel, bem com seu proprietário/promitente vendedor (aquele que tem a

propriedade registrada no Registro de Imóveis), consoante entendimento exarado pela Primeira Seção do STJ, quando do julgamento dos Recursos Especiais 1.110.551/SP e 1.111.202/SP (submetidos ao rito do artigo 543-C, do CP), são contribuintes responsáveis pelo pagamento do IPTU (Rel. Ministro Mauro Campbell Marques, julgado em 10.06.2009, DJe 18.06.2009).

(...)

9. Conseqüentemente, não se vislumbra a carência da ação executiva ajuizada em face do promitente vendedor, para cobrança de débitos tributários atinentes ao ITR, máxime à luz da assertiva de que inexistente, nos autos, a comprovação da translação do domínio a promitente comprador através do registro no cartório competente.

(…)

13. Recurso especial desprovido. Acórdão submetido a regime do artigo 543-C, do CPC, e da Resolução STJ 08/2008. Proposição de verbete sumular. (REsp 1.073.846, Rel. Min. Luiz Fux, 1ª Seção, DJe 18.12.2009, grifado pelo autor)

► **Toda e qualquer aquisição de imóvel rural enseja a responsabilidade do adquirente pelo pagamento do ITR eventualmente inadimplido até a data da alienação?**

Não. O parágrafo único do mesmo artigo 130 explicita que no caso de arrematação em hasta pública, a sub-rogação ocorre sobre o respectivo preço. Isso porque a arrematação de bem em hasta pública é considerada como **aquisição originária**, inexistindo relação jurídica entre o arrematante e o anterior proprietário do bem (STJ, REsp 807.455, Rel. Min. Eliana Calmon, 2ª Turma, DJe 21.11.2008).

Aplica-se perfeitamente ao ITR o artigo 123 do CTN, segundo o qual salvo disposições de lei em contrário, as convenções particulares, relativas à responsabilidade pelo pagamento de tributos, não podem ser opostas à Fazenda Pública, para modificar a definição legal do sujeito passivo das obrigações tributárias correspondentes. Diante disso, a ESAF considerou **correta** a seguinte assertiva (no concurso para Analista Tributário da Receita Federal em 2012): "**Salvo se a lei o previr, os contratos feitos entre o contribuinte do ITR e o arrendatário do imóvel, para excluir a responsabilidade daquele pelo pagamento desse imposto, embora válido entre as partes, não é eficaz em relação à fazenda pública.**"

É muito comum, ainda, que um imóvel rural tenha **mais de um proprietário**, aplicando-se nesse caso o artigo 124, I do CTN, pelo qual são **solidariamente obrigadas** as pessoas que tenham interesse comum na situação que constitua o fato gerador da obrigação principal. Não é outro o entendimento do STJ:

> "TRIBUTÁRIO. ITR. PROPRIEDADE EM CONDOMÍNIO. RESPONSABILI-DADE SOLIDÁRIA. LEGITIMIDADE DA EXIGÊNCIA DO DÉBITO TRIBUTÁ-RIO DE QUALQUER DOS CONDÔMINOS.
>
> 1. Pertencendo o imóvel a vários proprietários, em condomínio, é legítima a exigência do Imposto Territorial Rural – ITR, em sua totalidade, de todos ou de qualquer deles, reservando-se ao que pagou a faculdade de ressarcir-se dos demais devedores na forma do art. 283 do Código Civil.
>
> 2. Recurso especial improvido." (REsp 1.232.344, Rel. Min. Teori Albino Zavascki, 1ª Turma, DJe 16.02.2012)

Ou seja, como todos os proprietários condôminos possuem interesse em relação à sua propriedade rural, são solidariamente obrigados ao pagamento do ITR.

## 4. BASE DE CÁLCULO E ALÍQUOTAS

O CTN define a base de cálculo do ITR em seu art. 30, identificando-a simplesmente pela expressão "**valor fundiário**". Essa dimensão quantitativa do ITR coaduna-se com a noção de "imóvel por natureza", utilizada para se definir o aspecto material do fato gerador.

A Lei 9.393/1996, na mesma linha, utiliza a expressão "**valor da terra nua tributável**" para se referir à base de cálculo do ITR, permanecendo fiel à ideia de "imóvel por natureza". Em seu artigo 10, § 1º, I, a Lei 9.393/1996 considera como valor da terra nua o valor do imóvel, **excluídos os valores relativos a**:

a)   construções, instalações e benfeitorias;

b)   culturas permanentes e temporárias;

c)   pastagens cultivadas e melhoradas;

d)   florestas plantadas.

Esse valor da terra nua deve refletir o preço de mercado de terras, apurado em 1º de janeiro do ano de ocorrência do fato gerador.

A área tributável, por sua vez, é igual à área total do imóvel, excluídas as áreas:

a)   de preservação permanente e de reserva legal, previstas na Lei nº 12.651, de 25 de maio de 2012;

b) de interesse ecológico para a proteção dos ecossistemas, assim declaradas mediante ato do órgão competente, federal ou estadual, e que ampliem as restrições de uso previstas na alínea anterior;

c) comprovadamente imprestáveis para qualquer exploração agrícola, pecuária, granjeira, aquícola, ou florestal, declaradas de interesse ecológico mediante ato do órgão competente, federal ou estadual;

d) sob regime de servidão florestal ou ambiental;

e) cobertas por florestas nativas, primárias ou secundárias em estágio médio ou avançado de regeneração;

f) alagadas para fins de constituição de reservatório de usinas hidrelétricas autorizada pelo poder público.

Em relação às áreas de preservação permanente e de reserva legal, discute-se sobre a necessidade, para efeitos tributários de exclusão de referidas áreas da base de cálculo do ITR, de ato declaratório ambiental do IBAMA e de averbação no registro do imóvel. Perceba que, enquanto o ato declaratório ambiental do IBAMA de que uma certa área constitui área de preservação permanente ou reserva legal é providência do órgão estatal, sobre a qual o contribuinte não possui ingerência, a averbação da reserva legal no registro do imóvel é obrigação do proprietário do imóvel.

Com isso, o STJ entendeu que, para que seja legítima a exclusão da área correspondente à **reserva legal** da área tributável pelo ITR, deve o proprietário do imóvel rural proceder à respectiva averbação. Veja a ementa do seguinte acórdão:

> "TRIBUTÁRIO E AMBIENTAL. ITR. ISENÇÃO. RESERVA LEGAL. AVERBAÇÃO. IMPRESCINDIBILIDADE. NECESSIDADE DE INTERPRETAÇÃO EXTRAFISCAL DA RENÚNCIA DE RECEITA.
>
> 1. A controvérsia sob análise versa sobre a (im)prescindibilidade da averbação da reserva legal para fins de gozo da isenção fiscal prevista no art. 10, inc. II, alínea "a", da Lei n. 9.393/96.
>
> 2. **O único bônus individual resultante da imposição da reserva legal ao contribuinte é a isenção no ITR. Ao mesmo tempo, a averbação da reserva funciona como garantia do meio ambiente.**
>
> 3. Desta forma, a imposição da averbação para fins de concessão do benefício fiscal deve funcionar a favor do meio ambiente, ou seja, como mecanismo de incentivo à averbação e, via transversa, impedimento à degradação ambiental. Em outras palavras: **condicionando a isenção à averbação atingir-se-ia o escopo fundamental dos**

**arts. 16, § 2º, do Código Florestal e 10, inc. II, alínea "a", da Lei n. 9.393/96.**

(...)

**7. A prova da averbação da reserva legal é dispensada no momento da declaração tributária, mas não a existência da averbação em si.**

(...)

9. É de afastar, ainda, argumento no sentido de que a averbação é ato meramente declaratório, e não constitutivo, da reserva legal. Sem dúvida, é assim: **a existência da reserva legal não depende da averbação para os fins do Código Florestal e da legislação ambiental. Mas isto nada tem a ver com o sistema tributário nacional. Para fins tributários, a averbação deve ser condicionante da isenção, tendo eficácia constitutiva.**

10. **A questão ora se enfrenta é bem diferente daquela relacionada à necessidade de ato declaratório do Ibama relacionado à área de preservação permanente, pois, a toda evidência, impossível condicionar um benefício fiscal nestes termos à expedição de um ato de entidade estatal.**

11. No entanto, o Código Florestal, em matéria de reserva ambiental, comete a averbação ao próprio contribuinte proprietário ou possuidor, e isto com o objetivo de viabilizar todo o rol de obrigações propter rem previstas no art. 44 daquele diploma normativo.

12. Recurso especial provido." (REsp 1.027.051, Rel. p/ Acórdão Min. Mauro Campbell Marques, 2ª Turma, DJe 17.05.2011, grifado pelo autor)

Em agosto de 2013, a 1ª Seção do STJ confirmou esse entendimento, ao julgar os embargos de divergência relativos ao recurso especial acima reproduzido, observando ainda que atualmente, segundo o novo Código Florestal, a área de reserva legal deve ser registrada no órgão ambiental competente por meio de inscrição no Cadastro Ambiental Rural, até porque tal registro desobriga a averbação no Cartório de Registro de Imóveis (artigo 18, § 4º da Lei 12.651/2012).

Observe-se, contudo, que essa exigência de averbação no Registro de Imóveis não prevalece nos casos de **áreas de preservação permanente**, mas apenas nos de **reserva legal**, já que as primeiras são instituídas por lei, sendo desnecessário seu registro junto ao Poder Público para a sua caracterização.

Dessa forma, quanto à área de reserva legal, é imprescindível que haja averbação junto à matrícula do imóvel, para haver isenção tributária.

Quanto às áreas de preservação permanente, no entanto, como são instituídas por disposição legal, não há nenhum condicionamento para que ocorra a isenção do ITR (AgRg nos EDcl no REsp 1.342.161/SC, Rel. Min. Mauro Campbell Marques, 2ª Turma, DJe 10/2/14)

Perceba, que conforme o item 10 da ementa reproduzida acima, ressalvou-se a diferença de tratamento a ser dado ao ato declaratório do IBAMA, já que não se pode condicionar um benefício fiscal à expedição de um ato de entidade estatal. O seguinte julgado deixa explícito esse pensamento:

> TRIBUTÁRIO. EMBARGOS DE DECLARAÇÃO NO AGRAVO REGIMENTAL NO RECURSO ESPECIAL. ITR. ÁREA DE RESERVA LEGAL. ISENÇÃO. NECESSIDADE DE AVERBAÇÃO NO REGISTRO DE IMÓVEIS. EMBARGOS ACOLHIDOS COM EFEITOS INFRINGENTES.
>
> 1. É pacífico nesta Corte o entendimento segundo o qual **é inexigível, para as áreas de preservação permanente, a apresentação do Ato Declaratório Ambiental com vistas à isenção do ITR. Por outro lado, quando de trata de área de reserva legal, é imprescindível a sua averbação no respectivo registro imobiliário.**
>
> 2. Embargos de declaração acolhidos, com atribuição de efeitos modificativos, para dar parcial provimento ao recurso especial. (EDcl no AgRg no REsp 1.315.220, Rel. Min. Arnaldo Esteves Lima, 1ª Turma, j. 24/04/2014, grifado pelo autor)

### ▶ ATENÇÃO!!!!

**A jurisprudência acima foi cobrada em 2014 no concurso para Juiz Federal Substituto da 4ª Região, realizado pelo TRF da 4ª Região, como se pode ver da seguinte assertiva, considerada correta:**

✓ **"O Superior Tribunal de Justiça firmou entendimento no sentido de que, em se tratando da "área de reserva legal", é imprescindível a averbação da referida área na matrícula do imóvel para o gozo do benefício da isenção vinculado ao ITR, sendo que as áreas de preservação permanente não sofrem a obrigatoriedade do mencionado registro."**

| ÁREA DE RESERVA LEGAL | ÁREA DE PRESERVAÇÃO PERMANENTE |
|---|---|
| necessidade de averbação no registro de imóveis ou inscrição no CAR para exclusão da área da base de cálculo do ITR | desnecessário o registro junto ao Poder Público para a sua caracterização, já que tal área é instituída por lei |

Já as alíquotas do ITR, como já se observou, devem ser progressivas, de forma a desestimular a manutenção das propriedades improdutivas (CF, art. 153, § 4º).

Segundo a Lei 9.393/1996, tal progressividade leva em conta não apenas o grau de utilização da propriedade rural (critério da produtividade previsto expressamente na Constituição), mas também a área do imóvel, de modo que quanto menor o grau de utilização e quanto maior a área do imóvel, mais elevadas serão as alíquotas.

A menor alíquota é 0,03%, e a maior alíquota é 20%.

## 5. LANÇAMENTO

O lançamento do ITR ocorre na modalidade **por homologação**, havendo previsão legal expressa nesse sentido no artigo 10 da Lei 9.393/1996, segundo o qual "a apuração e o pagamento do ITR serão efetuados pelo contribuinte, independentemente de prévio procedimento da administração tributária, nos prazos e condições estabelecidos pela Secretaria da Receita Federal, sujeitando-se a homologação posterior".

Para o lançamento por homologação, o contribuinte utiliza duas declarações: o Documento de Informação e Atualização Cadastral do ITR (DIAC) e o Documento de Informação e Apuração do ITR (DIAT).

No caso de falta de entrega do DIAC ou do DIAT, bem como de subavaliação ou prestação de informações inexatas, incorretas ou fraudulentas, a Secretaria da Receita Federal procederá à determinação e ao lançamento de ofício do imposto, considerando informações sobre preços de terras, constantes de sistema a ser por ela instituído, e os dados de área total, área tributável e grau de utilização do imóvel, apurados em procedimentos de fiscalização (artigo 14 da Lei 9.393/1996).

## 6. IMUNIDADE DAS PEQUENAS GLEBAS RURAIS

O artigo 153, § 4º, II da Constituição de 1988 prevê uma imunidade específica do ITR, ao dispor que esse imposto não incidirá sobre **pequenas glebas rurais**, definidas em lei, quando as explore o proprietário que não possua outro imóvel.

Essa imunidade visa proteger a pequena propriedade rural, que serve de sustento a seu proprietário e à sua família. A doutrina entende que, após a Emenda Constitucional 42/2003, que alterou o dispositivo em questão, não se exige mais que o proprietário do imóvel rural o explore só ou com a sua família, podendo contar com o auxílio de empregados.

O texto constitucional não especifica o que seria "pequena gleba rural", deixando tal tarefa ao legislador infraconstitucional. Observe que, por se tratar de regulação de limitação constitucional ao poder de tributar (delimitação do alcance de uma imunidade), o tema deveria ser tratado por lei complementar, conforme exige o artigo 146, II da Constituição.

Contudo, a definição de "pequena gleba rural" consta do artigo 2º da Lei 9.393/1996:

> Art. 2º Nos termos do art. 153, § 4º, in fine, da Constituição, o imposto não incide sobre pequenas glebas rurais, quando as explore, só ou com sua família, o proprietário que não possua outro imóvel.
>
> Parágrafo único. Para os efeitos deste artigo, pequenas glebas rurais são os imóveis com área igual ou inferior a:
>
> I – 100 ha, se localizado em município compreendido na Amazônia Ocidental ou no Pantanal mato-grossense e sul-mato-grossense;
>
> II – 50 ha, se localizado em município compreendido no Polígono das Secas ou na Amazônia Oriental;
>
> III – 30 ha, se localizado em qualquer outro município.

Perceba que essa imunidade não beneficia: a) o proprietário de dois imóveis rurais que, somando-se as suas áreas, ainda assim estaria dentro do limite da pequena gleba rural; e b) o agricultor que, embora não seja proprietário da pequena gleba rural, tenha sua posse e a explore com sua família ou com auxílio de empregados.

Para corrigir essa discrepância de tratamento, a Lei 9.393/1996 criou as seguintes hipóteses de isenção:

> Art. 3º São isentos do imposto:
>
> I – o imóvel rural compreendido em programa oficial de reforma agrária, caracterizado pelas autoridades competentes como assentamento, que, cumulativamente, atenda aos seguintes requisitos:
>
> a) seja explorado por associação ou cooperativa de produção;
>
> b) a fração ideal por família assentada não ultrapasse os limites estabelecidos no artigo anterior;
>
> c) o assentado não possua outro imóvel.
>
> II – o conjunto de imóveis rurais de um mesmo proprietário, cuja área total observe os limites fixados no parágrafo único do artigo anterior, desde que, cumulativamente, o proprietário:

a) o explore só ou com sua família, admitida ajuda eventual de terceiros;

b) não possua imóvel urbano.

Desse modo, o requisito da unititularidade continua sendo exigido para a imunidade, mas não para a isenção acima.

## 7. FISCALIZAÇÃO E COBRANÇA DO ITR PELOS MUNICÍPIOS

A Emenda Constitucional 42/2003 inseriu a regra de que o ITR será fiscalizado e cobrado pelos Municípios que assim optarem, na forma da lei, desde que não implique redução do imposto ou qualquer outra forma de renúncia fiscal (CF, art. 153, § 4º, III).

Essa regra constitucional não é autoaplicável, já que essa opção deve se dar nos termos da lei.

Em 2005, foi publicada a Lei 11.250/2005, que por sua vez remeteu a ato infralegal da Receita Federal. Eis a dicção da Lei 11.250/2005:

> "Art. 1º A União, por intermédio da Secretaria da Receita Federal, para fins do disposto no inciso III do § 4º do art. 153 da Constituição Federal, poderá celebrar convênios com o Distrito Federal e os Municípios que assim optarem, visando a delegar as atribuições de fiscalização, inclusive a de lançamento dos créditos tributários, e de cobrança do Imposto sobre a Propriedade Territorial Rural, de que trata o inciso VI do art. 153 da Constituição Federal, sem prejuízo da competência supletiva da Secretaria da Receita Federal.
>
> § 1º Para fins do disposto no caput deste artigo, deverá ser observada a legislação federal de regência do Imposto sobre a Propriedade Territorial Rural.
>
> § 2º A opção de que trata o caput deste artigo não poderá implicar redução do imposto ou qualquer outra forma de renúncia fiscal.
>
> Art. 2º A Secretaria da Receita Federal baixará ato estabelecendo os requisitos e as condições necessárias à celebração dos convênios de que trata o art. 1º desta Lei."

Em 2008, a Receita Federal editou a IN SRF 884/2008, dispondo sobre a celebração do referido convênio. Dentre as regras previstas na Instrução Normativa, destaca-se o § 4º do artigo 1º, segundo o qual a celebração do convênio não prejudicará a competência supletiva da RFB de fiscalização, inclusive a de lançamento de créditos tributários, e de cobrança do ITR.

Essa transferência das atribuições de fiscalização e cobrança do ITR representa uma transferência da capacidade tributária ativa, o que não implica uma transferência da competência tributária (instituição de tributo), que continua sob o poder da União.

▶ **Essa transferência das funções de fiscalização e cobrança do ITR aos Municípios viola as regras de competência tributária?**

Não. Essa transferência está em total consonância com o artigo 7º do CTN, segundo o qual competência tributária é indelegável, salvo atribuição das funções de arrecadar ou fiscalizar tributos, ou de executar leis, serviços, atos ou decisões administrativas em matéria tributária, conferida por uma pessoa jurídica de direito público a outra.

Caso o Município faça a opção de fiscalizar e cobrar o ITR, será destinatário da totalidade da arrecadação do ITR relativamente aos imóveis situados em seu território. Inexistindo tal opção, terá direito a 50% do produto da arrecadação do ITR relativamente aos imóveis situados em seu território (CF, artigo 158, II).

## 8. ORIENTAÇÕES DA PGFN

▶ PARECER/ PGFN/ CAT/ Nº 896 /2013

ITR. Terras de remanescentes das comunidades dos quilombos. Demanda oriunda do Ministério Público Federal (Ofício/PRR2/RJ/DS/Nº 2304/2012). Impossibilidade de anuência à tese da imunidade implícita. Porém, identificada a necessidade de harmonização de dispositivos constitucionais – art. 68 do ADCT, 215, 216 e 153, § 4º, II da Constituição Federal. Aplicação da imunidade a pequenas propriedades rurais. As titulações coletivas, determinadas pelo Decreto nº 4.887, de 2003, não deve obstaculizar a imunidade.

(…) É nítido que as características constitucionais do ITR remetem o intérprete à necessidade de vinculação da exação ao princípio da função social da propriedade – um dos princípios gerais constitucionais com repercussão no âmbito tributário (…)

34. Não se mostra razoável que por ser titulada de forma coletiva a propriedade dos remanescentes das comunidades de quilombos deva sofrer a incidência do ITR se, hipoteticamente dividida a área total, as glebas de cada família se mantiverem dentro do conceito de pequena propriedade.

35. Não se trata, pois, de reconhecimento de imunidade implícita, mas de dar efetividade à imunidade prevista no art. 153, § 4º, II da CF a grupo de pessoas que por cacterísticas próprias e particulares lidam com a

terra de uma maneira que escapa aos liames da propriedade privada por nós conhecida, usual, perseguida, idealizada, ou o adjetivo que a ela se queira atribuir na ótica privada do Direito Civil. O certo é que o material pesquisado, inclusive de respeitados juristas, como os Procuradores da República aqui citados, dão conta da relação territorial umbilical e diferenciada que os quilombolas possuem com o território que habitam.

36. Desconsiderar tais elementos implicaria sacrificar direitos importantes não apenas para as populações quilombolas, mas para toda a sociedade, uma vez que a proteção daqueles enquanto grupo dotado de cultura e valores próprios, essenciais à formação social do país, e o reconhecimento de seus direitos, também se dá em proveito destes. Ademais, o direito de propriedade está jungido ao cumprimento de sua função social. Pela carta de 1988, ambos são indissociáveis.

37. A aplicação da imunidade versada no art. 153, § 4º, II da CF, aos territórios quilombolas também prestigia o princípio da capacidade contributiva, um dos vetores que norteia a regra imunizante explícita em foco. (...)

## 9. SÚMULAS DO CARF

- **Súmula CARF nº 45:** O Imposto sobre a Propriedade Territorial Rural não incide sobre áreas alagadas para fins de constituição de reservatório de usinas hidroelétricas.

- **Súmula CARF nº 70:** É imune ao ITR o imóvel pertencente às entidades indicadas no artigo 150, VI, "c", da Constituição, que se encontra arrendado, desde que a receita assim obtida seja aplicada nas atividades essenciais da entidade.

## 10. QUESTÕES OBJETIVAS

**1. (VUNESP – Analista Judiciário TJ/PA – 2014)** Os Municípios podem optar, na forma da lei, desde que não implique redução do imposto ou qualquer outra forma de renúncia fiscal, pela fiscalização e cobrança do Imposto Territorial Rural (ITR), relativamente aos imóveis neles situados, caso em que, do produto da arrecadação do referido imposto, terão direito a

a) vinte e dois e meio por cento

b) vinte e cinco por cento

c) trinta por cento

d) cinquenta por cento

e) totalidade

**2. (TRF 4ª Região – Juiz Federal – 2014)** Assinale a alternativa INCOR-RETA.

Considerando o disposto no Código Tributário Nacional:

a) A base de cálculo do imposto sobre a importação, quando a alíquota seja ad valorem, é o preço normal que o produto, ou seu similar, alcançaria, ao tempo da importação, em uma venda em condições de livre concorrência, para entrega no porto ou no lugar de entrada do produto no país.

b) O Superior Tribunal de Justiça firmou entendimento no sentido de que, em se tratando da "área de reserva legal", é imprescindível a averbação da referida área na matrícula do imóvel para o gozo do benefício da isenção vinculado ao ITR, sendo que as áreas de preservação permanente não sofrem a obrigatoriedade do mencionado registro.

c) A base de cálculo do imposto sobre a renda e os proventos de qualquer natureza é o montante real, arbitrado ou presumido, da renda ou dos proventos tributáveis.

d) Os serviços públicos, para fins de cobrança de taxa, são divisíveis, quando podem ser destacados em unidades autônomas de intervenção, de utilidade ou de necessidades públicas, e específicos, quando suscetíveis de utilização, separadamente, por parte de cada um dos seus usuários.

e) A base de cálculo do imposto incidente sobre as operações de crédito, câmbio e seguro, ou relativas a títulos ou valores mobiliários, é, quanto às operações relativas a títulos e valores mobiliários, na emissão, o valor nominal mais o ágio, se houver.

**3. (CESPE – Promotor de Justiça/ PI – 2012)** Com relação ao fato gerador dos impostos em espécie, assinale a opção correta com base na CF, na legislação específica e na jurisprudência.

a) O saque em caderneta de poupança não atrai a incidência do imposto sobre operações de crédito, câmbio e seguro, nem sobre operações relativas a títulos e valores mobiliários, visto que a referida operação não se enquadra em seu fato gerador.

b) O fato gerador do imposto sobre a renda e proventos de qualquer natureza ocorre, entre outras hipóteses, com a expectativa do direito a renda ou proventos pela realização de trabalho ou negócio jurídico remunerado.

c) O fato gerador do imposto sobre a propriedade territorial rural incide sobre a propriedade do imóvel, não bastando a posse para a incidência do tributo.

d) Na operação de importação de mercadorias do exterior, somente é devido o ICMS quando da entrada do produto importado no estabelecimento comercial do importador.

e) Na operação de exportação de mercadorias, o fato gerador do imposto de exportação ocorre com a expedição da guia de exportação, ainda que esta não seja consumada, sendo, nesse caso, indevida a devolução do imposto pago.

**4. (CESPE – Titular de Serviços de Notas e de Registros – Remoção – 2014)** Com referência ao imposto sobre propriedade territorial rural (ITR), assinale a opção correta.

a) O ITR não incide sobre o imóvel declarado como de interesse social para fins de reforma agrária

b) Não há previsão constitucional para a progressividade do ITR

c) O enfiteuta não pode ser sujeito passivo do ITR

d) Não há fato gerador do ITR em relação ao imóvel rural por acessão física

e) A base de cálculo do ITR corresponde ao valor da terra nua, incluindo os valores de mercado relativos a construções, instalações e benfeitorias

| GABARITO | | | |
|:---:|:---:|:---:|:---:|
| 1 – A | 2 – D | 3 – A | 4 – D |

# 11. REVISÃO DO CAPÍTULO – PERGUNTAS E RESPOSTAS

▶ **Pergunta-se: o que significa a expressão "imóvel por natureza"?**

A expressão "imóvel por natureza" já estava presente na legislação civil quando o CTN a ela fez referência, remetendo sua definição à lei civil.

Quando da edição do CTN, estava em vigor o Código Civil de 1916, que definia o imóvel por natureza como "o solo com os seus acessórios e adjacências naturais compreendendo a superfície, as árvores e frutos pendentes, o espaço aéreo e o subsolo" (artigo 43, I). O Código Civil de 2002, contudo, não define o que seria imóvel **por natureza**, abandonando a classificação antiga do Código Civil de 1916, o que faz com que se leve em consideração para efeitos tributários, ainda atualmente, o Código Civil de 1916.

▶ **Pergunta-se: a localização do imóvel é o único critério utilizado para se caracterizar o imóvel como urbano ou rural, para fins de incidência do IPTU ou do ITR?**

Não. Apesar da dicção do artigo 29 do CTN, que leva em conta a localização do imóvel, o STJ entende que se deve levar em conta também o a **destinação do imóvel**, de modo que, caso o imóvel seja destinado à exploração extrativa, vegetal, agrícola, pecuária ou agroindustrial, será tributado pelo ITR, mesmo que localizado em área urbana, de acordo com o artigo 32 do CTN e a legislação municipal.

▶ **Pergunta-se: ocorre o fato gerador do ITR mesmo nos casos em que a propriedade só existe no plano jurídico, não se confirmando faticamente, como na hipótese de o imóvel rural encontrar-se invadido pelo movimento sem-terra?**

Não. A jurisprudência do STJ tem entendido que não ocorre o fato gerador do ITR quando o imóvel rural foi objeto de invasão, estando o proprietário, no plano fático, despido de qualquer poder de uso, gozo ou disposição sobre a coisa. Se a propriedade é um dos fatos geradores do ITR, e essa propriedade não é plena quando o imóvel encontra-se invadido, não há que se falar em cobrança do ITR do proprietário que, na realidade, não tem qualquer poder sobre o imóvel invadido.

▶ **Pergunta-se: toda e qualquer aquisição de imóvel rural enseja a responsabilidade do adquirente pelo pagamento do ITR eventualmente inadimplido até a data da alienação?**

Não. O parágrafo único do mesmo artigo 130 explicita que no caso de arrematação em hasta pública, a sub-rogação ocorre sobre o respectivo preço. Isso porque a arrematação de bem em hasta pública é considerada como **aquisição originária**, inexistindo relação jurídica entre o arrematante e o anterior proprietário do bem (STJ, REsp 807.455, Rel. Min. Eliana Calmon, 2ª Turma, DJe 21.11.2008).

▶ **Pergunta-se: essa transferência das funções de fiscalização e cobrança do ITR aos Municípios viola as regras de competência tributária?**

Não. Essa transferência está em total consonância com o artigo 7º do CTN, segundo o qual competência tributária é indelegável, salvo atribuição das funções de arrecadar ou fiscalizar tributos, ou de executar leis, serviços, atos ou decisões administrativas em matéria tributária, conferida por uma pessoa jurídica de direito público a outra.

# Capítulo 8
# IMPOSTO SOBRE GRANDES FORTUNAS E IMPOSTOS EXTRAORDINÁRIOS

**SUMÁRIO** • 1. Impostos sobre grandes fortunas; 2. Impostos Extraordinários de Guerra; 3. Questões objetivas.

## 1. IMPOSTOS SOBRE GRANDES FORTUNAS

Os impostos sobre grandes fortunas são impostos de competência da União que até hoje nunca foram instituídos.

Devido à redação do artigo 153, VII da CF ("compete à União instituir impostos sobre grandes fortunas, nos termos de lei complementar"), alguns doutrinadores entendem que a lei complementar é exigida apenas para traçar o perfil geral do tributo em questão, bastando a lei ordinária para a instituição do imposto sobre grandes fortunas.

Essa é a posição de Roque Antônio Carrazza:

> "a União, por meio de lei ordinária, poderá instituir o imposto sobre grandes fortunas (ou sobre ele dispor). A lei complementar apenas irá definir as diretrizes básicas que nortearão a criação deste imposto (...) Não será, porém, a lei complementar que instituirá, *in abstracto*, este imposto, nem, muito menos, disciplinará seu lançamento, processo de arrecadação e fiscalização." (CARRAZZA, 2015, p. 1146)

O entendimento majoritário, contudo, é o de que a Constituição exige lei complementar para a instituição desse tributo.

## 2. IMPOSTOS EXTRAORDINÁRIOS DE GUERRA

Os impostos extraordinários de guerra possuem regulamentação muito sucinta, nunca tendo sido instituídos sob a égide da Constituição de 1988, que prevê em seu artigo 154, II, a possibilidade de a União instituir "na iminência ou no caso de guerra externa, impostos extraordinários, compreendidos ou não em sua competência tributária, os quais serão suprimidos, gradativamente, cessadas as causas de sua criação".

Como não poderia deixar de ser, tais impostos são de competência da União, pelo fato de terem como motivo uma situação de guerra iminente ou eclodida, sendo a União o ente federativo autorizado a declarar guerra e a celebrar a paz (artigo 21, II da CF).

Não se pode confundir o motivo que enseja a instituição desses impostos com seu fato gerador. A guerra ou sua iminência é o motivo que justifica a instituição do imposto, mas não é seu fato gerador. Significa dizer que os impostos extraordinários de guerra só podem ser instituídos com o requisito constitucional de o Brasil encontrar-se numa situação de guerra iminente ou eclodida. O fato gerador desses impostos a serem instituídos, contudo, podem ser os mais variados, mesmo que não sejam compreendidos na competência tributária da União.

Sendo assim, é possível que a União crie, com base no artigo 154, II, um imposto com a mesma materialidade do ICMS, ou do IPTU, tributando a circulação de mercadorias ou a propriedade de imóveis urbanos. Não haveria inconstitucionalidade nessa cobrança, pois o próprio texto do artigo 154, II da CF admite que os impostos extraordinários de guerra podem estar compreendidos ou não na competência tributária da União. Temos aqui uma hipótese de bitributação chancelada pela Constituição, razão pela qual não há que se perquirir sobre qualquer vício nessa cobrança.

Na verdade, a União tem uma ampla liberdade para a escolha das materialidades dos impostos extraordinários de guerra, liberdade esta que não é irrestrita e absoluta, como adverte Hugo de Brito Machado:

> "O fato da guerra certamente não justifica tributação que não seja obediente ao princípio da isonomia e, assim, ao princípio da capacidade contributiva. Também o fato da guerra não justifica o tributo confiscatório. Assim, a menos que estejam suspensas as garantias constitucionais, o que constitui outra questão, não se pode admitir imposto extraordinário de guerra com efeito confiscatório." (MACHADO, 2005, p. 350)

Tais impostos podem ser instituídos por lei ordinária, já que não há nenhuma exigência expressa quanto à exigência de lei complementar para tanto. Pelo contrário, a Constituição, no artigo 62, § 2º, prevê expressamente a possibilidade de instituição ou majoração dos impostos extraordinários de guerra por medida provisória, sem a necessidade de sua conversão em lei até o último dia do exercício financeiro em que foi editada. De fato, esses impostos não devem obediência à anterioridade anual e à noventena.

O artigo 154, II da CF diz ainda que os impostos extraordinários de guera devem ser suprimidos, gradativamente, cessadas as causas de sua criação. Antes mesmo de 1988, o artigo 76 do Código Tributário Nacional determina que esses impostos devem ser suprimidos gradativamente no prazo máximo de cinco anos, contados da celebração da paz.

Entende a doutrina majoritária que o artigo 76 do CTN foi recepcionado pela Constituição de 1988, já que está em consonância com o **caráter temporário** próprio desses impostos.

## 3. QUESTÕES OBJETIVAS

**1. (CESPE– Advogado Júnior da Petrobrás– 2007)** Considere que determinado Estado da Federação tenha editado lei concedendo benefícios fiscais às pessoas jurídicas domiciliadas em seu território que patrocinassem ou fizessem doações em prol de atividades esportivas. Nesse caso, a lei fere o dispositivo constitucional que veda a vinculação de receita de impostos a despesas específicas"

**2. (CESPE– Promotor de Justiça– 2007)** Se um indivíduo é notificado a pagar um tributo, por natureza, não vinculado, é correto afirmar que essa exação é um(a):

a)   imposto.

b)   taxa.

c)   contribuição de melhoria.

d)   empréstimo compulsório.

e)   contribuição parafiscal.

| GABARITO | |
|---|---|
| 1 – Correta | 2 – A |

# REFERÊNCIAS BIBLIOGRÁFICAS

ABRAHAM, Marcus. Curso de Direito Financeiro Brasileiro. 3ª edição. Rio de Janeiro, Editora Forense, 2015.

ALEXANDRE, Ricardo. Direito Tributário Esquematizado. 8ª edição. São Paulo: Editora Método, 2014.

ALEXANDRINO, Marcelo & PAULO, Vicente. Direito Tributário na Constituição e no STF. Teoria e Jurisprudência. 17ª Edição. São Paulo: Editora Método, 2014.

AMARO, Luciano. Direito Tributário Brasileiro. 11ª edição. São Paulo: Editora Saraiva, 2005.

ÁVILA, Humberto. Compensação de Prejuízos Fiscais. São Paulo: Editora Malheiros, 2011.

BALEEIRO, Aliomar. Direito Tributário Brasileiro. 13ª edição. Rio de Janeiro: Editora Forense, 2015.

BARRETO, Paulo Ayres. Imposto sobre a Renda e Preços de Transferência. São Paulo: Editora Saraiva, 2013.

CARRAZZA, Roque Antônio. Curso de Direito Constitucional Tributário. 30ª edição. São Paulo: Editora Malheiros, 2015.

CARVALHO, Paulo de Barros. *Curso de Direito Tributário*. 25ª edição. São Paulo: Editora Saraiva, 2013.

CASTRO, Eduardo de; LUSTOZA, Helton Kramer; GOUVÊA; Marcus de Freitas. Tributos em Espécie. Salvador: Editora Juspodivm, 2014.

COSTA, Regina Helena. Curso de Direito Tributário – Constituição e Código Tributário Nacional. 4ª edição. São Paulo: Editora Saraiva, 2014.

DERZI, Misabel Abreu Machado. Notas de atualização ao Direito Tributário Brasileiro de Aliomar Baleeiro. 13ª edição. Rio de Janeiro: Editora Forense, 2015.

GODOI, Marciano Seabra de. A Nova Legislação sobre Tributação de Lucros Auferidos no Exterior (Lei 12.973/2014) como Resultado do Diálogo Institucional Estabelecido entre o STF e os Poderes Executivo e

Legislativo da União, in: Grandes Questões Atuais de Direito Tributário, 18º Volume. São Paulo, Editora Dialética, 2014.

IBRAHIM, Fábio Zambitte. Curso de Direito Previdenciário. 15ª edição. Niterói: Editora Impetus, 2010.

MACHADO, Hugo de Brito. Curso de Direito Tributário. 26ª edição. São Paulo: Malheiros Editores. 2005.

MARTINS, Ives Gandra da Silva (Coordenador). Curso de Direito Tributário. 11ª edição. São Paulo: Editora Saraiva, 2009.

MELO, José Eduardo Soares de. Curso de Direito Tributário. 6ª edição. São Paulo: Editora Dialética, 2005.

MINARDI, Josiane. Manual de Direito Tributário. Salvador: Editora Juspodivm, 2014.

PAULSEN, Leandro. *Direito Tributário: Constituição e Código Tributário à luz da doutrina e da jurisprudência*. 15ª edição. Porto Alegre: Livraria do Advogado Editora, 2013.

PAULSEN Leandro, Responsabilidade e Substituição Tributárias. Porto Alegre: Livraria do Advogado Editora, 2012.

PAULSEN, Leandro, ÁVILA, René Bergmann & SLIWKA, Ingrid Schroder. Direito Processual Tributário – Processo Administrativo Fiscal e Execução Fiscal à luz da Doutrina e da Jurisprudência. 6ª edição. Porto Alegre: Livraria do Advogado Editora, 2010.

PAULSEN, Leandro & MELO, José Eduardo Soares de. Impostos Federais, Estaduais e Municipais. 7ª Edição. Porto Alegre: Livraria do Advogado Editora, 2012.

PAULSEN, Leandro & VELLOSO, Andrei Pitten. Contribuições – Teoria geral Contribuições em espécie. 2ª edição. Porto Alegre: Livraria do Advogado Editora, 2013.

ROCHA, Roberval. Código Tributário para Concursos. 2ª Edição. Salvador: Editora Juspodivm, 2014.

SABBAG, Eduardo. Manual de Direito Tributário – Ideal para concursos públicos. 2ª edição. São Paulo: Editora Saraiva, 2010.

TARTUCE, Flávio. Direito Civil. Volume 3: Teoria Geral dos Contratos e Contratos em Espécie. 5ª Edição. São Paulo: Editora Método, 2011.

TORRES, Ricardo Lobo. Curso de Direito Financeiro e Tributário. 19ª Edição. Rio de Janeiro, Editora Renovar, 2013.

XAVIER, Alberto. A Lei nº 12.973, de 13 de maio de 2014, em Matéria de Lucros no Exterior: Objetivos e Características Essenciais, in: Grandes Questões Atuais de Direito Tributário, 18º Volume. São Paulo, Editora Dialética, 2014

www.editorajuspodivm.com.br